# COMMENT NE PAS DEVENIR UN VIEUX CON

Crédit images : Shutterstock

SOPHIE MARIE LARROUY - MADEMOISELLE NAVIE

# COMMENT NE PAS DEVENIR UN VIEUX CON

MARABOUT

*« J'aime fréquenter [1] la jeunesse.*
*Elle m'apprend beaucoup plus que l'âge. »*
*Jean Cocteau.*

1. Attention, pénalement, il y a quand même une subtilité juridique entre « fréquenter » et « fréquenter ».

# INTRODUCTION

*« L'âge a ses raisons que la raison ignore [2]. »*

Un beau matin, alors que, la veille, vous aviez vingt ans, vous vous êtes réveillé le blanc de l'œil violacé, les traits froissés après une banale soirée arrosée, et vous avez crié : « Bordel, on dirait Jackie Sardou ! » (marche avec les deux sexes) ; une personne plus vieille vous a vouvoyé et ce n'était pas un juge d'instruction ; un adolescent vous a balancé : « Non, mais tu ne peux pas comprendre, toi », et dans ce « toi » vous avez entendu « vieille chose molle, lente, dépassée » ; les mots « morray », « FDP », « TMTC » s'échouent sur la plage de votre savoir ; vous avez converti le prix de votre baguette en francs, en vous disant que, *tout de même, avant c'était moins cher*. Un beau matin, alors que, la veille, vous aviez vingt ans et que le monde ne tournait pas assez vite pour vous suivre, vous êtes tombé de votre piédestal. Adieu, veau, vache, cochon, et supercul qui défie la gravité. Ce matin-là, vous avez prononcé *la phrase sésame*, celle qui fait s'ouvrir les portes de la vieillesse, celle que nous n'assumons que moyennement et que nous chuchotons à nos copains de galère : « Ce n'est plus de mon âge. »

## Se sentir, se voir, s'entendre vieillir

Si les hommes ne naissent absolument pas libres et égaux en droit (oui, nous balançons, nous dénonçons, dès la première page, nous sommes les Femens de la littérature), ils sont tout de même liés par

2. Il est important de remanier à votre sauce les proverbes français afin qu'ils collent parfaitement à vos propos. C'est un peu comme quand on dit à son conjoint, pour faire passer un message : « J'ai lu une statistique sur la fidélité… 89 % des hommes infidèles finissent avec un cancer des testicules. »

un fil rouge : le temps qui passe. Et c'est un vrai sujet de névrose, l'un des thèmes préférés des écrivains et des artistes, qui aiment se torturer en se souvenant que si l'homme est mortel, c'est parce qu'il vieillit. Les grands caps de la vie sont de véritables « crises » à traverser : crises de la quarantaine ou de la cinquantaine, crise d'adolescence, démon de midi et même, dès le plus jeune âge, le *terrible two* (ou crise des deux ans).

Face à cette fatalité, nous avons des façons différentes de réagir. C'est un peu comme lorsque nous traversons au feu rouge et qu'une voiture nous fonce dessus : soit nous nous figeons sur place (en comptant peut-être sur notre cape d'invisibilité pour survivre), soit nous nous mettons à courir dans tous les sens (et parfois même en direction de la voiture), soit nous laissons passer le bolide en lui hurlant dessus (même si nous avons irrémédiablement tort)…, soit, zen, nous accélérons le pas, très conscients qu'il ne faut pas traverser au rouge.

## Pandore

*Rappel des faits, car cela a son importance ! Dans la mythologie grecque, Pandore est la première des femmes créées sur l'ordre de Zeus qui voulait se venger des hommes. Tous les dieux ont mis la main à la pâte pour que l'humaine créature soit enivrante, belle et intelligente, sorte de Beyoncé des temps anciens, mais également perfide, séductrice et menteuse. On la marie à un humain et on lui file une jarre en cadeau (oui, en fait, c'était pas une boîte, mais un vase) ; Hermès, le dieu des carrés en soie trop chers [3], lui répète qu'il ne faut surtout pas ouvrir le vase, car il contient tous les maux de l'humanité – c'est sûrement là qu'est née l'expression « cadeau empoisonné ». Et, parmi ces maux enfermés, un genre de to-do list des enfers, au beau milieu de l'orgueil, de la guerre, de la folie, du vice et de la misère, il y a… la vieillesse ! Après ça, il ne faut pas s'étonner que le fait de vieillir soit une malédiction pour nombre d'entre nous, annonçant l'issue inéluctable de la mort.*

3. Et aussi messager des dieux.

## Jeunisme et vieux con, deux salles, deux ambiances

Eh bien, prendre de l'âge, c'est pareil ! Certains s'insurgent violemment contre le temps et refusent catégoriquement de vieillir, pointant leur majeur un peu fripé à la gueule de la vie en disant : « Fuck life. Je n'ai pas d'âge. Je suis JEUNE. Apportez-moi mon lait d'ânesse et le sang d'une jeune pucelle. » Cette catégorie sociologique est l'une des cibles préférées de Quai Sud Télévisions (qui produit entre autres *Confessions intimes*) ; ces « plus très jeunes » offrent un véritable spectacle en s'habillant trop flashy, trop court, trop cheap, en parlant le « djeun's » comme leurs enfants, se vantant de ne pas être des parents « boloss », eux (frisson de la honte). La société normée se repaît de railler ces vieux beaux et autres « cougars », femmes d'âge mûr qui dévorent des jeunes éphèbes en boîte de nuit – rappelons qu'à l'origine le cougar est un puma (un léopard sans taches), solitaire, agressif et qui ne se socialise qu'en période de rut.

Mais, tout risible qu'il soit, le jeunisme est simplement un mode de vie et ne constitue pas un problème sociétal en soi – si, à quatre-vingts ans, nous sommes heureuses, parce que nous nous sommes fait faire le même nez que Rihanna, cela nous regarde. En revanche, ce qui pose problème, c'est un autre type de réaction face au temps qui passe : devenir un vieux con. Nous devons LUTTER contre cette transformation. Car le vieux con empiète sur la liberté des autres en distillant dans l'air du temps son venin médisant. Il est d'autant plus sournois qu'il est difficilement reconnaissable. En effet, si les victimes de jeunisme sont identifiables d'un coup d'œil (Madonna, Polnareff, Cher, la belle-mère de Blanche-Neige, Johnny Hallyday, Arielle Dombasle et tous ceux qui ne mettent pas leur année de naissance sur Facebook), le vieux con peut, lui, revêtir un habit particulier pour chacun d'entre nous : pour les uns, c'est l'oncle Georges qui râle devant sa télé quand il y a un reportage sur « les jeunes » ; pour d'autres, un vieux con, c'est finalement n'importe quel invité d'Arthur dans *Les enfants de la télé.* Mais ce qui demeure certain et universel, c'est qu'à l'instar du croque-mitaine, le spectre du vieux con nous guette tous… et nous terrorise. Tapi sous le lit de notre jeunesse, il attend patiemment que nous nous endormions sur nos expériences pour surgir et nous transformer en vieux réac'. Et cela peut arriver aux meilleurs d'entre nous, c'est cela le plus flippant.

Nous avons donc décidé d'étudier le phénomène scientifiquement, même si aucune d'entre nous ne connaît sa table de 7, qui est moins facile que celle de 5. Et parce que Pandore est vraiment trop conne et que tout est de sa faute (que n'a-t-elle pas compris dans la phrase « Ne l'ouvre pas, sinon l'humanité souffrira » ?), nous avons choisi une autre divinité pour accompagner ce guide d'une aura bienveillante : Grand-Mère Feuillage [4] – preuve qu'on peut être une vieille branche à l'aise avec son âge et ses ridules ET aider les jeunes, les comprendre sans jamais les regarder comme des animaux quand ils twerkent en soirée au lieu de twister.

C'est comme cela qu'on vieillit sainement.

Certes, le chemin sera long et semé d'embûches ; parfois, la tentation sera forte de se laisser aller à devenir un vieux con grincheux, d'autant que des chercheurs allemands ont prouvé, en 2014, que râler allongeait l'espérance de vie [5]. Mais qu'importe la science, l'important est d'être heureux dans une société que nous comprenons. Alors si, comme nous, vous n'êtes plus un jeune (né avant le deuxième millénaire) et que vous voulez mourir centenaire sans ne jamais être dépassé – parce que c'est l'âge de notre cerveau qui compte, pas celui de nos os –, ce livre est fait pour vous ! Vous y trouverez les clés pour vous aider à rester ouvert, à tout comprendre des jeunes générations, de leur langage à leurs idoles en passant par leur conception de l'amour et leur passion des jeux vidéo, en évitant les pièges et les leçons de tolérance… Donnons-nous la main dans un seul but : vieillir oui, devenir con, non ! (Rime très pauvre, mais très sincère.)

4. Le saule pleureur dans la version revisitée de *Pocahontas* par Walt Disney.

5. Anne Kazak, dans *Journal of Health Psychology*, 2014, vol. 33, Issue 6 (Jun).

## Nos guests

*Histoire de ne pas trop se regarder le nombril entre auteures chahutées par un double complexe schizophrénique de supériorité et d'infériorité (oui, nous sommes complexes), nous avons ouvert notre ~~lit~~ livre à des invités qui avaient leur mot à dire sur le sujet. Et, en fonction de leur âge, de leur expérience et de leur culture, ils nous ont apporté un bel éclairage, sur le sujet. Vous les retrouverez à chaque fin de chapitre :* **Mouloud Achour, Bruno Muschio, Marion Seclin, Norman Thavaud, Lâm Hua, Bérengère Krief, Julia Vignali, Maska, Axelle Laffont** et **Michèle Bernier.**

*Parce qu'il n'y a que sur les réseaux sociaux que le* name dropping *à outrance n'est pas toléré.*

## QU'EST-CE QU'UN « VIEUX CON » ?

Puisque nous allons utiliser cette expression dans ce livre, il convient de revenir sur la définition tout à fait subjective que les auteures de ce guide lui ont donnée. (Ne sommes-nous pas des génies ?). Stop pipi au rayon gamin: nous considérerons que le jeune est une personne âgée de treize ans et trois mois révolus (parce qu'avant ce seuil on n'a pas de vie sexuelle, enfin, quand on habite en ville) et vingt-cinq ans (parce que, quand tu n'as plus le droit à une réduction chez Quick, c'est que t'es plus un jeune).

### Un vieux con, est-ce que c'est un vieux qui est con ?

Avant de vous donner notre version des faits, votre Honneur, ne nous privons pas d'étudier la définition proposée par la brillante *Désencyclopédie* en ligne [6] :

> « Le vieux con (du latin vagina *über-sextagenerus*) est considéré comme un objet d'étude très complexe et très important en primatologie, car, de tous les cons sur cette planète, il est le plus expérimenté de tous, ce qui fait de lui un très dangereux et très emmerdant singe. »

Ne vous laissez pas tromper par le genre « masculin » de l'expression, car elle n'exclut absolument pas les femmes : parfois, derrière un vieux con se trouve une vieille conne. Ne confondez pas non plus « vieux » avec « âgé » ; au fil de nos recherches, nous avons réalisé qu'établir un âge médian au vieux con, c'était comme essayer de trouver la véritable année de naissance d'Amanda Lear [7] : une entreprise périlleuse. Évidemment, un enfant de quatre ans ne peut

6. http://desencyclopedie.wikia.com/wiki/Vieux_con

7. Elle serait née entre 1939 et 1950. À Saïgon.

pas être un vieux con (sauf Benjamin Button), même s'il peut tout de même manifester quelques signes avant-coureurs (faites le test p. 17). Mais ne croyez pas que cela vient seulement avec la retraite, le calcul des annuités et une nouvelle passion pour l'émission *SLAM* : on peut être vieux con à trente ans, c'est même à cet âge qu'apparaissent les premiers symptômes.

### Mais alors, qu'est-ce que c'est ?

Le vieux con n'a donc pas d'âge, pas de sexe, ni même d'origine sociale. Une fille de vingt-huit ans fortunée ou un homme de quatre-vingt-deux ans pauvre peuvent être contaminés par le phénomène. Le vieux con est mal dans son époque, comme un rugbyman sobre sur des talons de 12. Il se sent dépassé par les événements. Le monde tourne à la vitesse de l'éclair et lui donne l'impression étrange d'être bloqué sur la bande d'arrêt d'urgence de l'autoroute de l'évolution. Mais tenterait-il de revêtir son gilet jaune fluorescent et de faire du stop pour se remettre dans la course ? Non, il préfère s'installer dans un transat de mauvaise facture pour observer les autres. Et critiquer. Car le vieux con considère que tout ce qui l'entoure est mauvais. Qu'il s'agisse de culture, de sciences, de mœurs, d'art et même de météo, pour le vieux con TOUT était mieux AVANT. Avant quoi ? La naissance de Jésus-Christ ? Le premier train à vapeur ? L'album *Rainbow* de Mariah Carey ? Qu'importe, le vieux con place le curseur du bonheur absolu dans son passé, là où loge « sa jeunesse ». Nul besoin d'avoir bullé en psycho sur les bancs grinçants de la Sorbonne pour comprendre qu'il est avant tout aigri et frustré. Il renifle sa madeleine de Proust rance et pleure le temps perdu, où son corps et son esprit, à lui aussi, filaient sur l'autoroute citée ci-dessus. Mais, contrairement à son cousin poétique, le nostalgique, le vieux con transforme sa mémoire en bile et la jette au visage – à peine remis de la puberté – des « jeunes ». C'est-à-dire « plus jeunes que lui d'au moins dix ans ».

« Quand j'observe les jeunes d'aujourd'hui, je suis content de savoir que la Terre n'en a plus pour longtemps. »

« Je te foutrais tout ça au service militaire. »

« Avant, ce qui était bien, c'est qu'il y avait des RÈGLES [8]. »

### Que s'est-il passé dans le cœur de cet homme (ou de cette femme) ?

Nous pensons que le vieux con s'est laissé envahir par le cocktail néfaste de la jalousie, de l'oubli, du manque de curiosité, de la paresse intellectuelle, de l'amnésie, de la mauvaise foi et de la peur de l'inconnu (un cocktail qui fait mal au crâne). Il est comme un expatrié qui a oublié son pays d'origine et qui, pour mieux apprécier sa nouvelle vie, encense systématiquement sa terre d'accueil en comparaison avec son ancienne maison. Comme il n'est plus jeune, il n'aime plus les jeunes. « Aimer » étant un terme trop émotionnel et vaginal, il reconnaît seulement qu'il ne les « comprend pas », ce qui est d'une mauvaise foi alarmante ! Dépourvu d'ouverture d'esprit et de curiosité, le vieux con a ses codes, ses habitudes, ses modes, ses musiques ou son présentateur de journal TV préféré… Changez un chouïa sa routine et c'est la Bérézina !

### C'est bien joli, mais si on n'a plus le droit de critiquer un jeune sans se faire traiter de vieux con, où va le monde ?

Pour ne pas confondre esprit critique et syndrome du vieux con, voici quelques symptômes qui peuvent vous alarmer sur votre état. Vous êtes un vieux con si vous dîtes :

« Les huîtres, c'est de la morve. »
« T'as goûté ? » « Bah nan, mais j'aime pas. »

« J'ai pas écouté le dernier album de Justin Bieber, mais c'est de la merde. »

---

8. Citation trouvée dans les commentaires d'un site où l'on trouve beaucoup de commentaires de vieux cons, lefigaro.fr

« Rihanna, elle fait sa chaudasse sur scène, c'est une publicité vivante pour la prévention de la chlamydiae. »

« Ça, à mon époque… », « Y a plus de jeunesse », « Non, mais les jeunes d'aujourd'hui… », « Nous, on était heureux avec un bout de bois. »

« Non, mais écoute, moi aussi, j'ai eu ton âge et… [insérez ici n'importe quel COD que vous n'entendrez pas, puisqu'à la place vous n'entendrez que BLABLABLABLABLABLABLA]. »

Malheureusement, le syndrome s'accompagne souvent d'autres maux : sexisme, racisme, xénophobie et homophobie.

## L'âgisme et autres mots chics pour les discriminations liées à l'âge

**Adultisme** : *ségrégation des adultes envers tous les mineurs.*

*« Les enfants, vous allez manger des coquillettes à l'eau dans la cuisine pendant qu'on mange nos tournedos Rossini entre adultes. »*

**Âgisme** : *toutes formes de discriminations, mises à l'écart, jugements et ségrégations d'une personne en fonction de son âge.*

*« Contrôle d'identité : tes papiers s'il te plaît. »*

**Éphébiphobie** : *peur panique et irrationnelle des adolescents (risque de mourir lors d'une avant-première de Twilight).*

*« I… I… I… see teen people. »*

**Gérontocratie** : *régime politique où les gérontes (les plus âgés de la société) sont les seuls à exercer le pouvoir.*

*« Baaaay touwéniaaaa babayiii inana. »*

**Jeunisme** : *préférences (sexuelle et sentimentale, philosophique ou professionnelle) pour les plus jeunes.*

*« Vous avez plus d'expérience et de compétences que notre autre candidate, mais elle a les fesses fermes et pas d'enfant. »*

Afin de poursuivre sur le thème : **http://www.cetait-mieux-avant.fr/**

# TEST
# QUEL VIEUX CON ÊTES-VOUS ?

Jouons ensemble et commençons par un test de personnalité, aucun ouvrage sérieux ne faisant l'économie de ce genre de tests – Freud lui-même ne boudait pas son plaisir de répondre aux questions de *Biba* sur « Quel coquine êtes-vous ? » Vous n'y échapperez pas : il est temps de savoir quel joueur vous êtes dans la grande cour de Kronos, le dieu du Temps. Pour ce faire, munissez-vous d'un stylo, chaussez vos demi-lunes, rentrez votre langue, tenez-vous droit et répondez aux questions suivantes. Ensuite, vous saurez et vous pourrez ajuster le tir ou, tout simplement, devenir ce que vous êtes (Booba, verset 2, chapitre VII bis).

**1**

**Quel est le film qui vous a le plus stupéfait ces dernières années ?**

- **A** *Les poupées russes*
- **B** *Le bonheur est dans le pré*
- **C** *Benjamin Button*
- **D** *Spring Breakers*

**2**

**Parmi ces 5 mots (ou expressions), lequel vous inonde de joie ? (Vous pouvez fermer les yeux. J'ai combien de doigts ? Huhu !)**

- **A** Souvenir
- **B** Demain
- **C** Early adopter
- **D** Polyamour

## 3

**IPhone avec reconnaissance tactile, liseuse Kindle, carte bancaire 15-25 qui octroie des réductions sur Digitick… Lequel de ces concepts trouvez-vous inutile ?**

- **A** Tous. De notre temps, c'était plus simple et nous n'avions pas le nez collé sur un écran.
- **B** Tous, mais ça fait plaisir quand même ; de notre temps, nous n'avions pas tout ça.
- **C** La liseuse Kindle, ÇA, c'est vraiment un truc de vieux. J'ai entendu que pour toute commande un plaid était offert.
- **D** Tous, à part la CB qui donne des réductions. On peut l'avoir comment ?

## 4

**Quel conseil donneriez-vous à un « jeune » pour faire durer sa relation ?**

- **A** Serre les poings : la vie c'est comme ça, on n'a pas tout ce qu'on veut, mon gars.
- **B** Caresse-toi la joue : aime-toi et le reste du monde t'aimera.
- **C** Vis tout ce que tu as à vivre, qu'importent les conséquences.
- **D** Socialement il faut peser : c'est la clé.

## 5

**Qui aimeriez-vous être si vous vous réincarniez, à part Kim Kardashian ?**

- **A** Catherine Deneuve
- **B** Vous-même, pour refaire la même en mieux
- **C** Léon Thérémine
- **D** Hugh Hefner

## 6

### Quand vient le mois de juin, que vous dites-vous ?

**A** Le temps passe trop vite, on vient à peine de digérer que c'est déjà presque Noël.

**B** C'est la saison du rosé pamplemousse, que les dieux soient loués pour cette invention.

**C** Tu sais que bientôt on pourra maîtriser la météo grâce au projet Haarp ?

**D** J'ai vu une pub dans *Maison Magazine* pour un stage de paddle à Bali, ça te dit ?

## 7

### Pour inviter quelqu'un à un apéro, comment vous y prenez-vous ?

**A** Vous passez chez lui et demandez s'il offre le pastis.

**B** Vous vous installez à une terrasse et vous appelez des amis au débotté.

**C** Vous créez un event facebook pour la semaine prochaine.

**D** Vous privatisez un bar et envoyez un mail commun.

## 8

### Laquelle de ces choses seriez-vous incapable de faire ?

**A** Aller à un concert d'Henri Dès pour faire plaisir à quelqu'un.

**B** Faire du tort à François Hollande.

**C** Ne pas acheter un téléphone tactile avec vos points carré rouge SFR.

**D** Oublier une smartbox saut à l'élastique dans le meuble de l'entrée.

## 9

### Quel est votre réflexe en écoutant de la musique que vous aimez ?

- **A** Imiter la batterie ou la guitare.
- **B** Dodeliner.
- **C** Vous mordre les lèvres.
- **D** Faire des moulinets de bras.

## 10

### Quels référents citez-vous facilement ?

- **A** Pierre Desproges.
- **B** Quelqu'un de votre famille, par exemple votre tante Violette.
- **C** Asimov.
- **D** Gad Elmaleh.

**MAJORITÉ DE A**

**Vieux con :** ça y est, c'est plié, over, vous avez atteint le dernier continent, celui des vieux cons. À force de rester bloqué sur vos madeleines, d'être hermétique à toutes formes de nouveauté, vous vous êtes fait éjecter de la centrifugeuse de la modernité. Ce qu'il vous reste à faire ? Empester les terrasses de café avec un cigare et du calva dix ans d'âge, tout en ne lisant pas le *Télérama* que vous aurez quand même acheté, tout en parlant trop fort des enfants qui n'ont plus d'éducation. Pas grave, on vous tolère quand même, papy pas très chulo. Et surtout, on peut vous aider.

### MAJORITÉ DE B

**Vieux sage :** Maman, Grand-Mère Feuillage, c'est vous. Si, comme elles, vous ne comprenez pas tout à votre iPhone 3, mais que vous essayez quand même, que vous ne rechignez pas à vous asseoir avec les neveux pour qu'ils vous fassent le playback de tout l'album de Maître Gims et que vous essayez de vous inscrire sur « tviteur » en faisant une tarte aux cerises, vous êtes un vieux sage, donc un être parfait.

### MAJORITÉ DE C

**Vieux fou :** ce n'est plus de la veille informationnelle, à ce niveau-là il s'agit d'un trouble obsessionnel, les gars, attention, vous ressemblez au DOC de *Retour vers le futur*. Un vieux fou qui passe son temps à parler de connectique, ça ne donne pas envie d'y mettre les mains. Ce que vous ne comprenez pas, c'est que les jeunes s'en foutent de vos combines pour plugger des trucs à d'autres trucs, eux, ce qu'ils veulent, c'est des applis pour pécho easy. Lâchez l'affaire ou allez traîner à la cafet' Casino, tous les premiers mardis du mois, à la réunion des geeks du geeky boom, les geeks du baby boom (association à but non lucratif).

### MAJORITÉ DE D

**Vieux beau :** c'est pas comme si la vie ne vous avait pas prévenus. Des exemples, vous en aviez sous vos yeux Ridulando. Alain Delon, Franck Dubosc, autant de tartes Tatin de l'âge, ratés mais qui se débrouillent quand même. Alors oui, vous, vous avez kéblo sur Richard Gere, ben tiens, la belle affaire. Sauf que vous n'êtes ni américain ni Julia Roberts, alors au final vous n'êtes qu'un vieux beau de Clermont-Ferrand. Bah ouais Morray, laisse partir, tu verras, ça ira mieux.

# DICLOSSAIRE
# UN MOT, TROIS AMBIANCES

***Le poids des mots,***
***Le choc des images.***
***Mais surtout le poids des mots.***

Bien qu'ils aient une définition quasiment immuable, les mots peuvent exprimer tout et son contraire, en fonction de l'âge et de l'expérience que nous avons quand nous les articulons. Cela explique pourquoi les différentes générations ont tant de mal à communiquer : elles ne parlent pas tout à fait la même langue. Par exemple, pour une personne née entre 1923 et 1940, l'expression « c'est chaud » signifie que c'est « à température ». Mais pour quelqu'un né entre 1960 et 1989, il pourra s'agir d'un objet, d'un concept ou d'une situation hasardeuse qui pousse à l'étonnement ou à l'angoisse : « c'est chaud, j'ai pas eu mon certif » – le mot chaud tombant aux oubliettes après cette période.

Chaud
1923-1989

Vous trouverez ci-après des exemples d'interprétation de mots selon votre âge – vingt, trente-cinq ou cinquante ans. Grâce à cette vision élargie du langage, vous pourrez naturellement prendre du recul sur les réactions des uns et des autres et mieux comprendre le monde.

## ACNÉ

L'acné est un rite de passage obligatoire, qui intervient au moment de la puberté et qui s'avère parfois hardcore (nombreux sont ceux qui sont tombés à moitié aveugles à force de s'infliger des traitements pour bison à base de *Roaccutane*).

- *Synonymes :* comédons, pustules, points noirs, spots, ch'tar, spot.
- *Cf. :* clafoutis.

***À 20 ans :*** « Je vais jamais serrer personne avec ça sur la gueule. »

***À 35 ans :*** « J'ai un dermato très cher et je ne sors que dans des endroits très sombres. »

***À 50 ans :*** « Je suis sûr que ce traitement au laser en Turquie, ça va marcher. »

## AMI

Un ami est une personne avec qui on partage des points communs, des grands fous rires et/ou des secrets. Un ami, c'est quelqu'un sur qui on peut compter, mais qui peut aussi parfois nous briser le cœur.

• *Synonymes :* pote, sauc', besta', BFF, psy, compagnon, frère.

• *Cf. :* « Ma meilleure amie » de Lorie ; « Jef » de Jacques Brel.

***À 20 ans :*** « J'ai 3 200 amis sur Facebook. »

***À 35 ans :*** « Les amis, quand t'en as plus de 5, c'est louche. »

***À 50 ans :*** « J'ai peur que mes amis meurent. »

## AMOUR

L'amour est le seul sentiment qui nous fait sourire, même quand nous sommes au bord du gouffre, et c'est aussi tout ce qui compte, comme le chantent les Beatles.

• *Synonymes :* crazy in love, lieb, papillons dans le ventre, anorexie, Mariah Carey.

• *Cf. :* la discographie de Jean-Jacques Goldman, la filmographie de Meg Ryan.

***À 20 ans :*** « J'attend l'amouuuur de mes rêves. »

***À 35 ans :*** « L'amour, ça suffit pas. »

***À 50 ans :*** « L'amour, ça faut autant de bien… que de mal. »

## BURN OUT

Le burn out est un syndrome d'épuisement professionnel grave, qui altère le sommeil, la mémoire… Utilisé plus généralement pour exprimer son extrême fatigue.

- *Synonymes :* gueule de bois, dépression, Center Parc, usure.
- *Cf. :* salarié Orange.

***À 20 ans :*** « Je ne me souviens pas de ma soirée, j'ai fait un burn out. »

***À 35 ans :*** « Je me suis évanoui en réunion. »

***À 50 ans :*** « J'ai fait 100 km à vélo. »

## CDI

En France, le droit du travail permet à un employeur d'embaucher un salarié pour un contrat à durée indéterminée, qui peut courir jusqu'à la retraite.

- *Synonymes :* Graal, sécurité, crédit, annuités, RTT, machine à café, champagne.
- *Cf. :* Michel Drucker.

***À 20 ans :*** « Après votre stage, on vous embauchera en CDD, qu'on transformera peut-être à terme, en fonction de la conjoncture, en CDI. Maybe. »

***À 35 ans :*** « Ah, vous n'avez pas de CDI ? Bon, vos parents peuvent-ils se porter caution ? »

***À 50 ans :*** « Ils peuvent toujours essayer de me virer, je suis en CDI. »

## CÉLIBATAIRE

Personne en âge d'être mariée qui ne l'est pas et qui ne l'a jamais été, mais qui n'est pas au ban de la société parce qu'elle paie ses impôts plein pot.

- *Synonymes :* solo, portion individuelle, cours de cuisine Meetic, Catherinette.
- *Cf. :* « La Solitudine » de Laura Pausini.

***À 20 ans :*** « Je suis seul, je suis freeeeeee. »

***À 35 ans :*** « Je me sens si seul. »

***À 50 ans :*** « Pour moi, la vie va commencer. »

## CONCERT

Manifestation au cours de laquelle on assiste à la représentation musicale d'un groupe – chanteurs, chorale ou orchestre.

- *Synonymes :* festival, gobelet en plastique, Tickenet, tribune, première partie de merde.
- *Cf. :* Coachella.

***À 20 ans :*** « Dans la boue, dans la fosse, sur les épaules d'un mec qu'on ne connaît pas. »

***À 35 ans :*** « J'ai pris des places dans le carré or, on sera mieux assis. »
***À 50 ans :*** « À la télé, sur Mezzo ou lors de la retransmission annuelle du concert des Enfoirés. »

## CRÈME SOLAIRE

Crème, lotion ou huile qui protège la peau de certains effets nuisibles des rayons ultraviolets du soleil.

- *Synonymes :* Œnobiol, Biafine, coup de soleil, UV, marque de string, Morandini, huile d'olive au citron.
- *Cf. :* mélanome.

***À 20 ans :*** graisse à traire.

***À 35 ans :*** indice 15.

***À 50 ans :*** indice 50 + chapeau + ail + eau bénite.

## FUMER

Faire brûler du tabac dans le but d'aspirer la fumée par la bouche. En général, à l'aide d'une cigarette, d'un cigare ou d'une pipe.

- *Synonymes :* mégot, goudron, nicotine, tige, bédo.
- *Cf. :* Serge Gainsbourg.

***À 20 ans :*** « La meuf, elle me regarde encore mal et je la fume. »

***À 35 ans :*** « Je me suis mis à la cigarette électronique goût pomme, c'est plus sain. »

***À 50 ans :*** « Seulement un pétard de temps en temps, j'ai arrêté il y a dix ans. Fumer tue. »

## GRASSE MATINÉE

« Grasse », du latin *crassus*, qui signifie « épais ». Dormir longtemps dans l'épaisseur de son sommeil. Profiter de la matinée pour dormir plus qu'à l'accoutumée.

- *Synonymes :* dodo, relation sexuelle matinale, panne d'oreiller, brunch.
- *Cf. :* Doc Gynéco.

***À 20 ans :*** réveil à 15 heures.

***À 35 ans :*** réveil à 10 heures.

***À 50 ans :*** réveil à 7 h 45.

## HORLOGE BIOLOGIQUE

L'horloge biologique est un élément de notre organisme qui génère un certain nombre de réactions biologiques, régulées par cycles. Son centre de régulation se situe au niveau de l'hypothalamus, une glande placée au niveau de l'encéphale [1].

- *Synonymes :* tic tac tic tac tic tac tic tac tic tac tic tac.
- *Cf. :* « Time goes by so slowly » de Madonna.

***À 20 ans :*** « C'est la pendule qu'il y a dans la salle de SVT ? »

***À 35 ans :*** « Je perds une chance d'enfanter toutes les vingt-huit secondes, file-moi une clope. »

***À 50 ans :*** « Je transpire de la moustache, non ? Il fait chaud, non ? »

## IVRESSE

L'ivresse est un état d'exaltation correspondant à une excitation intellectuelle et physique, qui provoque des troubles de l'humeur ou une incoordination des mouvements à cause d'un trop fort taux d'alcool dans le sang.

- *Synonymes :* bourrée, apéro, « un p'tit dernier », shot, binge drinking, skins.

---

1. Source : sante-médecine.commentcamarche.net (vachement plus fort que nous pour les définitions médicales).

• *Cf.* : Lindsay Lohan.

***À 20 ans :*** vomir du Malibu coco à 19 h 30 et rire trop fort.

***À 35 ans :*** vomir du whisky et pleurer dans son coin.

***À 50 ans :*** reconnaître le verre de trop, le boire quand même, ne pas vomir.

## JEUNE

Qui est dans une phase de commencement de sa vie, qui n'est pas encore mûr, qui a toutes les caractéristiques de la jeunesse.

• *Synonymes :* minot, gamin, jeunesse hitlérienne, Bambi, banane verte.

• *Cf.* : Arthur en 1987.

***À 20 ans :*** quinze ans.

***À 35 ans :*** vingt ans.

***À 50 ans :*** quinze-trente ans.

## MARIAGE

Union célébrée entre deux individus (qui peuvent avoir le même sexe, youpi ! Coucou, Christine Boutin) en vue de fonder un foyer (fiscal, entre autres).

• *Synonymes :* dragées, noces, bague au doigt, corde au cou, robe blanche, Power Point, Blues Brothers.

• *Cf.* : Elizabeth Taylor.

***À 20 ans :*** « Hahahhahahhahahahahahahahahhahahahahhaha. »

***À 35 ans :*** « Je suis prêt. »

***À 50 ans :*** noces de plomb.

## MÉTABOLISME

Sous le terme « métabolisme » sont regroupés tous les processus chimiques à type de réactions ou autres transformations ayant lieu dans les cellules d'un organisme [2].

- *Synonymes :* cinq fruits et légumes par jour, nuit blanche, sport, hormones, Adriana Lima.
- *Cf. :* Véronique et Davina.

***À 20 ans :*** « Je brûle tout ce que je mange, je suis chanceux ! »

***À 35 ans :*** « Je ressemble de plus en plus à Homer Simpson. »

***À 50 ans :*** « Je te laisse, mon coach arrive à 10 heures. »

## NUIT BLANCHE

Nuit durant laquelle on ne profite pas de la lune pour dormir mais pour faire la fête, regarder des séries ou s'embrouiller avec son mec.

- *Synonymes :* « Il est 5 heures, Paris s'éveille, il est 5 heures, je n'ai pas sommeil. »
- *Cf. :* Bertrand Delanoë.

***À 20 ans :*** « Ça va être chaud ce partiel, j'ai enchaîné deux nuits blanches. »

***À 35 ans :*** « J'ai enfin récupéré de ma nuit blanche du mois dernier. »

***À 50 ans :*** « Non, mais ils sont pas bien de nous mettre la suite du film à 22 heures ??? »

## OVULATION

L'ovulation est ce moment fascinant où l'ovaire libère un ovule afin que celui-ci se fasse féconder par un spermatozoïde bien plus fort que les autres.

- *Synonymes :* température, règles, calendrier, pépin, humeurs, guili, CAF.

---

2. Source : sante-médecine.commentcamarche.net (vachement plus fort que nous pour les définitions médicales).

• *Cf. :* Nadya Suleman (Octomom)

***À 20 ans :*** « Capote, pilule et rapport exclusivement anal, pas question d'être fille mère… »

***À 35 ans :*** « Putain, j'ai mes putains de règles de merde. »

***À 50 ans :*** « Ah oui… je me souviens… »

## PANNE

Pièce de bois ou de métal qui, placée horizontalement sur les arbalétriers d'une toiture, en supporte les chevrons (définition du *Larousse*). Sinon, c'est aussi un arrêt inattendu d'un mécanisme.

• *Synonymes :* mi-molle, pilule bleue, ivresse, oh non ! Pardon.

• *Cf. :* Dacia.

***À 20 ans :*** « Mon scooter est en panne. »

***À 35 ans :*** « Ma voiture est en panne. »

***À 50 ans :*** « Ma bite est en panne. »

## PERVERS NARCISSIQUE

Conjoint, proche ou patron qui manipule son entourage dans le but de le soumettre. Ses armes : séduction, terrorisme, autorité, perversion, rabaissement.

• *Synonymes :* connard, ex, danger, Jafar, *Biba*.

• *Cf. :* .............. (à remplir vous-même)

***À 20 ans :*** « Non, mais laisse tomber, c'est trop un pervers narcissique. »

***À 35 ans :*** « Pervers narcissique, c'est juste le mot chic pour dire connard, non ? »

***À 50 ans :*** « J'y comprends rien à leurs trucs de psy, moi. »

## RESTAURANT

Établissement dans lequel on se restaure contre, parfois, trop d'argent. On y est servi à table par un personnel qui dit : « S'il vous plaît » dès qu'il apporte quelque chose.

- *Synonymes :* Synonymes : Michelin, Léon de Bruxelles, y a-plus-rien-dans-le-frigo, ticket resto.
- *Cf. :* Alloresto.

***À 20 ans :*** « C'est à volonté ? »

***À 35 ans :*** « C'est une nouvelle adresse de food truck très cool. »

***À 50 ans :*** « Les restaurants étoilés, c'est quand même une autre salade, hein ? »

## RUMEUR

Bruits qui courent et qui enflent à mesure qu'ils passent d'une bouche à une autre. La rumeur fait 50 % d'une réputation.

- *Synonymes :* ragots, potins, gossip, honneur, *Voici*, Michael Jackson.
- *Cf. :* Loana.

***À 20 ans :*** « C'est le cousin de ma sœur qui l'a dit à ma BFF sur Facebook. »

***À 35 ans :*** « Vas-y, je vais lui briser les hanches si elle a dit ça. »

***À 50 ans :*** « Il paraît que les voisins vont déménager. »

## TARD

À un moment bien avancé, à la fin de la journée, de la semaine, de l'année ou de n'importe quelle période déterminée.

- *Synonymes :* chasse et pêche, vol de nuit, *Paris Dernière*, éboueurs.
- *Cf. :* David Guetta.

***À 20 ans :*** 8 heures.

***À 35 ans :*** 2 heures.

***À 50 ans :*** 23 heures.

## TRENTAINE

Décennie qui suit la vingtaine et précède la quarantaine (eh ouais) et qui symbolise le « milieu de vie » au cours duquel on doit cocher toutes les cases qui font de nous un adulte.

- *Synonymes :* adulescent, crédit immobilier, mariage, enfant, bedaine.
- *Cf. :* Bridget Jones.

***À 20 ans :*** la vieillesse.

***À 35 ans :*** la meilleure période de sa vie.

***À 50 ans :*** la jeunesse.

## VACANCES

Période de repos pendant laquelle on cesse une activité pour se reposer, voyager ou prendre du bon temps.

- *Synonymes :* chèques vacances, Club Med, Djerba, vol long courrier, tourista.
- *Cf. :* dossier *Elle* spécial bikini.

***À 20 ans :*** « Je pars deux mois en Inde, je camperai à même le sol. »

***À 35 ans :*** « Je pars dans un Village 4 Tridents, on devait faire un road trip aux US, mais avec le petit… »

***À 50 ans :*** « Et si on se faisait une croisière ? »

## VIEUX CON

Lisez ce livre.

- *Synonymes :* lisez ce livre.
- *Cf. :* lisez ce livre.

***À 20 ans :*** « Mon père. »

***À 35 ans :*** « Mon boss. »

***À 50 ans :*** « Mon mari. »

1

# ZIVA J'SUIS PAS IEUV

*Qui es-tu, petit prince de la ville*
*Je t'ai vu naître hier, et désormais tu files*
*Combien de temps ai-je dormi*
*Pour que tu me toises aujourd'hui*
*Et que je ne comprenne plus*
*Ce que tu écoutes et ce que tu dis.*

Que s'est-il passé ? Combien de temps avons-nous dormi ? Hier encore, on comptait nos insouciants centimes, aujourd'hui on reçoit des courriers de la banque en maudissant l'inflation. Mais nom d'une pute en bois, est-ce que quelqu'un peut intervenir et nous expliquer à quel moment on a passé la frontière de la jeunesse ? Vous êtes choqué ? Vous êtes dans le déni ? Vous lisez ce livre un sourire en coin, persuadé que tout cela ne vous concerne pas ? Très bien. Pour vous mettre face à l'évidence, nous préférons y aller franchement. Vous trouverez ci-dessous des phrases types, qui vous semblent peut-être tout à fait banales. Peut-être les utilisez-vous régulièrement, et alors ? Eh bien, croyez-nous, si vous avez déjà tenu les propos suivants, les gars, vous êtes foutus, vous êtes cuits, vous êtes vieux. On se retrouve juste après pour analyser ceci. Allez, courage petits soldats !

## A CES PHRASES QUI NOUS PROUVENT QUE NOUS SOMMES VIEUX

### « Ouah, elles sont cool tes baskets ! »

Aucun jeune ne dit à un autre jeune que ses baskets sont cool. Ils se repèrent d'après des signes extérieurs d'appartenance à un même groupe. Le notifier, c'est perdre. Dans deux minutes, vous allez dire : « Moi, j'avais des pump. » Arrêtez.

### « Je n'ai pas encore pris de vacances cette année »

Les jeunes s'octroient des vacances ou attendent qu'elles arrivent. Ils ne se plaignent pas. Se plaindre, c'est un truc de vieux. Rappelez-vous quand vous deviez réviser : soit vous ne révisiez PAS, soit vous révisiez. Il n'existe rien au milieu de ces deux rives.

### « L'École du micro d'argent ? Meilleur album d'IAM, après c'est devenu commercial »

Waouh, l'argument commercial, ça fait sérieux, c'est bien, ça fait aussi mec qui regarde BFM et qui comprend les sigles EMU, BRICS et PIGS [1]. *L'École du micro d'argent* est effectivement un très bon album, mais sa popularité et son but lucratif font de lui un album commercial en soi. Et ce n'est pas un gros mot.

### « Merci pour l'accueil, c'était top ! » (par texto)

Vous êtes bien élevé, c'est bien. Mais, sérieux, cette phrase est celle de quelqu'un qui va dire à un moment donné : « On se fait une grosse salade à midi, un frichti ? ».

### « Attends, il dit quoi dans le refrain ? "L'amour tue, la haine maintient en vie." Non, mais ça va pas ! Love is all, les mecs ! »

La musique d'aujourd'hui est violente proportionnellement à l'époque. À moins de ne pas ajouter cette phrase à votre remarque, épargnez-nous vos commentaires de néo-hippie, surtout si vous êtes né à l'époque de Bloody Sunday. Bisou.

### « J'vais faire une petite cure de vitamine C avant l'hiver, ça prévient bien la grippe »

O.K., là, pas besoin de nos explications pour réaliser que, quand vient le stade où l'on cherche à se préserver non pas de la guerre, d'un typhon, de bombes lacrymogènes… mais d'un rhume, c'est qu'on arrive en haut de l'escalier de la vieillesse. N'oubliez pas de mettre une alèse sous vos draps ce soir.

---

1. EMU : Economic and Monetary Union ; BRICS : acronyme du groupe formé par le Brésil, la Russie, l'Inde, la Chine et l'Afrique du Sud ; PIGS (ou PIIGS) : acronyme du groupe de pays formé par le Portugal, l'Italie, l'Irlande, la Grèce et l'Espagne.

### « J'ai préféré le livre »

Symptôme ultime du vieux con. Bah oui, parce que, forcément, dans un livre de 300 pages, l'auteur prend plus de temps pour poser son intrigue qu'un film de 120 minutes. Mais c'est plus fort que vous, il faut que vous vous sentiez « early adopter », en expliquant que vous vous êtes intéressé à l'œuvre avant qu'elle devienne une pompe à fric ; en fait, c'est surtout que, en tant que vieux con, vous aimez (allez, tous en chœur) CRITIQUER.

Alors ? Avouez, vous en avez prononcé certaines. Pas toutes, espérons-le. C'est peut-être un choc pour vous de l'apprendre, mais, oui, vous avez muté. La faute aux souvenirs pugnaces qui ont forgé votre identité, cette seconde peau dont vous avez du mal à vous défaire, comme un serpent qui reste dans sa mue. Vous repensez à un souvenir marquant et, hop, l'image et le goût de ce dernier réapparaissent bien distinctement, comme par magie ; ils ne semblent pas loin, ces dimanches en famille, la pluie pleurant contre les carreaux, où vous tiriez votre temps d'adolescent lors d'interminables repas en pensant à demain. Demain lundi, mathématiques en première heure, suivies de deux heures d'EPS, puis Romain vous fera éventuellement boire dans sa canette de Canada Dry, ce qui remplira votre journée entière de capital joie.

Mais tout ça, c'est du passé, les gars…

Aujourd'hui, vous considérez que vous n'avez plus le temps de rêvasser ; lorsqu'on vous tend une canette d'eau gazeuse fines bulles (parce que dans le Canada Dry, il doit y avoir du gluten à tous les coups), vous faites une blague de type « Tu n'as pas de maladie au moins ? » ; et, vous ne le savez peut-être pas, mais en EPS aujourd'hui, dans les collèges, les élèves peuvent choisir de faire de la boxe française et ainsi s'épargner à vie l'image rétinienne traumatisante du vert dégueulasse des dossards de volley-ball que nous devions enfiler avant de nous défoncer les doigts et les avant-bras – le volley-ball est vraiment un sport horrible quand on ne sait pas y jouer.

## Nostalgíca !

*Puisque nous vous replongeons dans vos jeunes années et que vous ronronnez comme un vieux chat – nous n'avons rien contre votre passé, nous-mêmes écoutons Nostalgie et Chérie FM –, réfléchissons un instant à cette nostalgie qui ne vous aide pas à avancer. La nostalgie est un peu le filtre Instagram de votre mémoire, elle lisse le grain, sature les couleurs, adoucit les contours et, quand vous parlez de votre enfance, vous avez l'impression d'avoir vécu dans un film de Pagnol, dans un livre de la comtesse de Ségur ou dans une photographie de Robert Doisneau (ou encore dans Germinal, mais ça, c'est si vous n'avez pas eu de chance). Phénomène très curieux à propos de la madeleine de Proust : nous la mordons de plus en plus tôt. Est-ce le climat morose, la crise, la sinistrose, les guerres, les Ch'tis à Marseille, qui nous donnent envie de retourner dans le ventre de notre mère ? La vie d'adulte est-elle si terrible que cela pour que les tournées « Années 1980 » ne désemplissent pas ou que les trentenaires célèbrent déjà leur génération culte des années 1990 ? Pourquoi avons-nous « Le mal du pays 2 » de notre enfance ? Finalement, la nostalgie, à trente ans, ce n'est pas un truc de dépressifs ?*

*Vous trouverez au chapitre 8 comment lutter efficacement contre la passion/destruction de votre passé, mais d'ici-là, vous pouvez déjà :*

- **écouter** *une fois par mois Ado FM, Skyrock et Virgin Radio ;*
- **aller** *au bal des pompiers ;*
- **aller** *voir un film déconseillé par Télérama, type Sharknado ;*
- **acheter** *un accessoire pour cheveux chez Claire's.*

## B COMMENT FAIRE DE L'ADULTE UN JEUNE AMÉLIORÉ ?

Depuis le début de ce chapitre, vous réalisez progressivement que devenir adulte est dangereux : le spectre du vieux con vous guette bel et bien. Mais, pour autant, la solution n'est pas de se transformer en « vieil enfant » ! Prenez plutôt conscience de l'extraordinaire potentiel de liberté qu'être adulte autorise et, avant de tomber du côté obscur, adoptez la ligne de conduite suivante : ne pas en avoir, justement, de ligne de conduite. Recherchez la liberté sous toutes ses formes, encore et toujours, et par tous les moyens. (Si possible sans LSD, car c'est très dangereux, nous avons regardé des vidéos sur Internet.) L'idée est de se remettre en question en permanence, de douter de tout. Comment ? En vous répétant cinq fois par jour, avant de vous coucher et au lever : « NE JAMAIS ÊTRE SÛR DE RIEN. »

Alors, c'est sûr, cela fiche le vertige de n'être sûr de rien. Les questions « La Terre peut-elle tomber ? », « Est-ce que nous sommes vraiment vivants ? », « Où se trouve Internet ? » font partie du package d'incertitudes à garder en tête, sans pour autant finir en maison de repos pour surmenage. L'idéal, quand vous sentez que vous vacillez, est d'inspirer un grand coup, de bloquer votre respiration et d'expirer le plus longtemps possible. Ensuite, mettez en ligne sur Marmiton une recette débile genre «le petit poisson pané flambé au whisky de ma grand-mère», c'est dégueulasse mais on s'en fout, c'est juste pour faire un truc débile gratuit de sale gosse. Puis appuyez-vous sur des béquilles (et, dans vos mains, vous avez une belle béquille, en toute modestie) pour retrouver votre état d'insouciance, tout en gérant votre travail, votre conjoint, qui parfois vous brise les noisettes sévère, et une accumulation de fatigue relative à toutes les mines que vous vous êtes mises depuis vos vingt ans.

## 1 - LA HAPPY-NOSTALGIE : SE SOUVENIR DES BELLES CHOSES

Nous n'allons pas nous chanter la *Traviata* en breton (comme disaient nos géniteurs), prendre conscience que nous avançons dans l'âge, ça fait un peu mal aux cheveux. Des phrases telles que « J'ai passé mon permis il y a quatorze ans » ou « Je vis dans cet appartement depuis sept ans » sont autant de petits coups de couteau qui peuvent provoquer de grands tremblements de terre dans votre toute petite tête. Pour en finir avec la nostalgie-dépression, nous vous proposons d'adopter une nouvelle posture : la happy-nostalgie. Une bonne fois pour toutes, voici quelques réminiscences à découper et à garder dans une (toute) petite boîte pour y repenser en souriant, comme sur les personnes en couverture des guides d'épanouissement personnel. Il y a des bons souvenirs, et puis ceux qui nous rappellent que c'est quand même cool d'avoir grandi.

### • PRENDRE UN TRAIN ET POUVOIR FUMER À L'INTÉRIEUR

C'est un fait, cela ne pourra plus arriver, la faute d'Évin qui a décidé, en bonne loi morale, que le monde ne ressemblerait plus à un film des années 1970 avec Dewaere et Marielle. À part si vous êtes Gérard Depardieu ou si vous vous trouvez dans un train de la cordillère des Andes, cela ne vous arrivera plus jamais de fumer en seconde, pépouze.

### • FAIRE SES DEVOIRS

Interrogations surprises, quatre heures de devoir sur table, dictées, notes, angoisses. Vous ne vous retrouverez plus jamais face à une feuille qui vous pose la question : « L'artiste est-il maître de son œuvre ? » Si, comme nous, vous aviez envie de répondre : « Ta gueule » en guise de développement, alors vous chérirez l'idée de ne plus être une victime du dimanche soir, qui a la nausée parce que la prof de maths rend le contrôle par ordre décroissant. La pute.

### • LES BRUITS ET LES ODEURS

Le crissement du bonnet de bain plein de talc à la piscine, les effluves d'écuries quand nous allions aux vestiaires après les troisièmes, le graillon du jeudi jour des frites, le « ploc » des verres Veralux qui nous donnait notre âge (nous étions fiers d'avoir quarante-huit ans à l'époque), le gratte-gratte des collants en mauvaise laine, le « Shhhh » de l'institutrice qui essuyait le tableau de craie avec son tampon spécial, le choc entre une bille et un calot, la sonnerie qui manquait toujours de nous faire avoir une crise cardiaque…

### • LE STRESS DE SE MAQUILLER EN CACHETTE

Fini le raccord express entre la porte de la maison et celle du collège pour ressembler à Anita dans *Hartley*. Aujourd'hui, à moins que vous ne soyez Betty Mahmoody, et même si c'est moche, vous ne risquez plus de vous faire engueuler à cause du gros trait d'eye-liner que vous avez sur les paupières. Au pire, on va vous sermonner sur le fait qu'une personne n'est vraiment belle qu'au naturel. Mais bon, les études ont prouvé que c'était le plus grand mytho que l'humanité ait jamais porté, avec le fait qu'Andrea Zuckerman avait soi-disant dix-sept ans.

### • FAIRE DU SPORT, JUSTE POUR VOIR L'AMOUR DE NOTRE VIE (DE QUINZE ANS) EN ACTION

Alors, vous risquez toujours de faire des choses qui vous ennuient (comme par exemple participer à des jeux de rôles ou à un rassemblement de motos anciennes), mais au moins vous aurez conscience que c'est nul. Alors qu'à l'époque, vous auriez pu regarder Romain marquer mille buts au rugby juste pour l'applaudir et vous sentir vivante.

### • ACHETER UN PAQUET DE CLOPES DE 10 À 10 FRANCS, APPELÉ « PAQUET ENFANT »

Définitivement révolue, on dirait que cette époque a juste servi à nous permettre de commencer à fumer sans nous ruiner. Nous ne sommes pas particulièrement sujettes à cette nostalgie, qui revient à dire :

« Tu te rappelles quand nous étions enfants et que nous n'avions pas d'argent, des buralistes peu scrupuleux nous vendaient des cigarettes, alors qu'ils voyaient bien qu'on avait à peine quatorze ans… »

### • DANSER SUR *« YOU MAKE ME WANNA »* D'USHER

Vous pourrez, si vous en avez envie, réécouter cette merveilleuse ode aux relations sexuelles lors des non moins merveilleuses fêtes intitulées « We are the 90's », mais vous ne sentirez plus jamais un cavalier hasardeux et mineur vous tenant par la hanche ou les épaules d'une manière peu convaincue.

### • ALLER À UNE FÊTE ET GARDER LA TÊTE RIVÉE SUR L'ENTRÉE, EN ESPÉRANT QUE ROMAIN ARRIVE

Sauf qu'il n'arrive pas. Et qu'il ne viendra pas. Et cela vous a coûté très cher en psychothérapie.

### • ACCROCHER DES POSTERS SUR LES MURS DE VOTRE CHAMBRE AVEC DE LA PATAFIX…

… qui soi-disant n'abîme pas les murs, mais, au mieux, laisse des traces jaunes, au pire, emporte un bout de peinture quand on l'enlève. Aujourd'hui, vous pouvez oublier ce douloureux souvenir de Jean Galfione en noir et blanc lançant sa perche au-dessus de votre lit.

## 2 - VOUS JEUNE, EUX JEUNES, MÊME COMBAT !

Finalement, il faut prendre conscience que les jeunes d'aujourd'hui vivent les mêmes choses que nous à leur âge. Ils sont peut-être un peu plus chanceux, parce qu'ils possèdent davantage de cartes de réduction et que leurs menus sont doublés sur présentation d'un justificatif au McDonald's, mais d'après nos analyses, ce sont les seuls points qui les rendent un peu différents de ce que nous avons été [2]. Si nous ne SAVIONS PAS quoi faire de notre vie, si nos parents

2. Oui bon, ça va, il y aussi Internet, mais ça, mes pauvres vieux, ça ne sera qu'au chapitre 3

nous regardaient de travers et nous traitaient de fainéants dès que le sujet se pointait à la table du dîner, les jeunes nouvelle génération ne SAVENT PAS non plus de quoi demain sera fait. Ce qui les anime, c'est s'amuser, construire des relations, passer leur temps avec leur BFF, ne rien faire, observer leur corps sous tous les angles (même ceux interdits), rouler des pelles à leurs mains pour s'entraîner, écouter deux mille fois la même chanson et traduire les paroles des tubes pour s'en imprégner. CELA VOUS RAPPELLE QUELQU'UN ? Vous pouvez donc vous rassurer et vous dire que vous n'êtes pas loin du rivage, question naïveté ; vous pouvez même facilement retrouver cet état si cela vous manque.

## C LE CHOC DES MOTS, LE POIDS DES GÉNÉRATIONS

### 1 - PARER LES ATTAQUES

Bien dans votre happy-nostalgie, pas un brin envieux de cette jeunesse tout compte fait aussi paumée que vous l'étiez, soyez tout de même vigilant contre les attaques intempestives de cette dernière, qui pourraient vous faire rebasculer dans la déprime. Par exemple, s'il y a bien une chose terrible dans le fait de vieillir, c'est d'entendre quelque chose que nous avons déjà dit à quelqu'un, sauf que cette fois, la cible, c'est nous. Vous pensiez que ça n'arriverait jamais ? Rassurez-vous, tout le monde peut se planter. Aristote et Ptolémée étaient persuadés que la Terre était immobile et au centre de l'Univers, Christophe Dechavanne trouvait l'émission *Nice People* très cool et Geneviève de Fontenay croyait que les Miss mangeaient des yaourts à la cuillère (et pas à même le rocher). Heureusement, le genre humain est au top tweet de la chaîne alimentaire, elle est faite pour survivre : nous avons pour vous un tout nouveau produit, peu coûteux et garanti à vie, qui va vous permettre de contrer les phases de kung-fu verbales envoyées direct dans votre jugulaire par ces gamins qui pensent avoir tout compris de votre état de décrépitude. En piste !

## *Attaque n°1*

Un jeune va FORCÉMENT vous dire : « *Hey, mais comment vous vous donniez rendez-vous avant ? Avec des lettres ? Wah, chaud pour pécho !* » Quand nous réfléchissons, cette phrase est très drôle si nous la plaquons sur l'ère contemporaine. Faisons un essai.

### LETTRE N°1, LE 25 JUILLET 2014 À 18 H 45

(Donc ça partira avec le courrier de demain.)

« ***J'arrête pas de penser à toi.*** »

Hop dans la boîte, hop si la lettre se coince entre les deux petites poches de la besace du facteur, ce qui signifierait que cette tentative de drague serait à tout jamais perdue, bref si tout se passe bien, voici la suite.

### LETTRE N°2, LE 27 JUILLET 2014 À 10 H 15

(Les facteurs passent en général le matin, selon une étude menée par un groupe d'experts, à part CHRONOPOST, MAIS EN RÉALITÉ ILS N'EXISTENT PAS, CES BÂTARDS !)

« ***Lol, sérieux ?*** »

### LETTRE N°3, 28 JUILLET 2014 À 11 H 20

(Ah, ce facteur-là s'est arrêté pour boire l'apéro quelque part chez une femme mariée.)

« ***Ouais, grave, tu fais quoi après-demain soir ?*** »

(Malin, il a pris en considération les contingences logistiques de cette relation jusqu'ici épistolaire.)

### LETTRE N°4, 29 JUILLET 2014 À 10 H 15

« ***Je sais pas, on pourrait aller voir* Hunger Games 8 *?*** »

LÀ, IL PEUT SE PASSER UN TWIST DE OUF

## LETTRE N°5, 30 JUILLET 2014 À 14 H 30

(Ce facteur est complètement bourré à force de s'arrêter pour prendre l'apéro.)

*« Putain, je suis dégoûté, j'avais pas pris en considération le week-end et du coup on a raté notre après-demain ; je te laisse, y a un livreur Chronopost qui sonne… NAN, JE DÉCONNE, ON SAIT TRÈS BIEN QUE CES GENS N'EXISTENT PAS POUR DE VRAI ». Du coup, ce week-end, j'ai été voir* **Hunger Games** *8 avec Camille et on s'est pécho. Désolé. »*

## LETTRE N°6, 7 AOÛT 2014

qui s'ajoute aux vingt-huit lettres et aux 7 865 prospectus de rentrée s'accumulant dans la boîte aux lettres des parents de Romain, puisque toute la famille est partie trois semaines en vacances à Port Leucate.

*« On reste amis quand même ? »*

**Conclusion de cette expérience :** effectivement, il était difficile de pécho avant que les smartphones ne permettent d'envoyer des photos de ses seins aussi facilement qu'on commande un cheese en plus de son menu pourtant déjà maxi best-of. Les anciens sont donc à respecter, car il fallait être beaucoup plus hardi et téméraire que vous et, à leur époque, vous seriez encore vierge à quarante et un ans, parce que, pour pécho une meuf, il fallait lui dire en face, et là, vous auriez moins fait le malin. De plus et pour conclure, ce temps ne nous concerne pas, car si vous lisiez *Brain Magazine* au lieu de traîner sur ask.fm, vous sauriez qu'on nous appelle la génération Y : nous aussi, nous sommes nés avec des connectiques modernes. Bon, c'étaient des Ericsson à antenne, mais quand même.

## *Attaque n° 2*

Un jeune va FORCÉMENT vous enchaîner à un moment donné, en vous lançant : « *Nan, mais j'ai rien contre les personnes âgées, moi aussi un jour j'aurai trente-cinq ans* » (Kev Adams).

Une phrase qui vous laisse pantois, parce que ce petit bâtard a un peu RAISON : vous approchez dangereusement de l'âge que vous n'imaginiez jamais atteindre, parce que, sérieux, TRENTE-CINQ ANS c'est un âge que l'on écrit forcément en toutes lettres tellement il faut prendre le temps de l'assimiler.

**Comment parer à cette attaque de petit bâtard :**

→ **S'il s'agit d'un humoriste professionnel :** lui demander de répéter sa blague (il sera content d'avoir l'attention fixée un peu plus longtemps sur lui, car, au fond, un humoriste n'est qu'un comédien qui n'a pas encore décroché de casting) et l'enregistrer à l'aide d'un smartphone. Conserver cette bande (bande = terme de vieux) pendant vingt ans + ou – 10 % et lui ressortir quand il aura trente-quatre ans et n'aura plus écrit aucun spectacle depuis cinq ans.

→ **S'il s'agit d'un quidam, content d'avoir trouvé une faille dans votre self-confidence, vous avez deux possibilités :** soit faire la victime et rire jaune, tout en avalant votre ego en entier comme une Gisele Bündchen de la confiance en soi, soit lui rétorquer que nous n'atteignons pas la maturité et l'épanouissement sexuel avant trente ans, et qu'il vient peut-être de louper une leçon accélérée par nos soins s'il n'avait pas été insolent[3].

3. NDA : pardon à notre éditrice si elle va en prison à cause de cette blague, mais nous ne sommes que des rapporteurs de la vérité crue, des Marianne aux seins qui tombent un peu, mais pas trop.

## *Attaque n° 3*

« *Nan, mais tu connais pas "Thrift Shop" de Macklemore, crari la meuf, elle est tellement vieille que sa vie, elle doit être en noir et blanc, quoi.* » (Nous avons dû relire deux fois cette phrase pour la comprendre, alors que c'est nous qui l'avons écrite.)

Vous avez vu naître Daft Punk, vous avez assisté à la chute de David et Cathy Guetta, vous avez fait votre JAPD, alors c'est une certitude : c'est dur de se voir humilier de la sorte, sans même comprendre le sens de ce qu'on vous reproche, car, nous le rappelons, cette phrase est grammaticalement et phonétiquement IMBITABLE.

**Comment parer à cette attaque de petit bâtard :**

Ne désespérez pas, et au lieu d'ennuyer un jeune en lui parlant des Stones, de Divine Comedy, de Blur et même d'Aqua, demandez-lui plutôt qu'il vous fasse écouter ces fameuses musiques et qu'il vous en fasse une critique, ~~si possible en français et pas dans son idiome dégueulasse.~~ Mais, surtout, rappelez-lui qu'il adore la musique de vieux, puisqu'il se trémousse sur « Happy » et sur « Blurred Lines » interprétés par Pharrell Williams, alors que Pharrell est plus vieux que vous, parce qu'il est né en…

*Mil Neuf Cent Soixante-Treize*
*1973*

Maintenant que vous êtes paré aux attaques des adolescents, passons à l'étape n° 2.

## 2 - AVOIR EN TÊTE LES BLAGUES À NE PAS FAIRE AUX JEUNES

Si vous avez choisi d'être une victime et de ravaler votre ego, voici les réponses à proscrire lorsqu'un jeune vous traite de vieux (mais si vous avez décidé de répondre, un conseil : n'attendez pas une semaine avant de l'envoyer, faites-le entre la poire et ta mère).

## BLAGUE N° 1 À NE PAS FAIRE EN RETOUR D'UNE BLAGUE QUI VOUS A VEXÉ

*« Et toi, t'as vu ta coupe de cheveux ?? Avec ta mèche, là, on dirait que t'as un parasol frontal. Eh, faut déposer ça au concours Lépine, ça peut faire gagner de l'argent à ton père. »*

POURQUOI IL NE FAUT PAS LE DIRE: ce n'est pas drôle, c'est trop long, ça tombe comme un recourbe-cil sur la soupe et, en plus, il y a une chance sur deux pour que vous ayez une calvitie, donc vous allez vous faire « double enchaîner » et, là, ça va vraiment vous casser le moral. Aussi, sachez que le regard du jeune contient de la méthamphétamine combinée à des acides aminés très puissants, comparables à ceux d'une veuve noire (une araignée, pas une vieille Corse) : en gros, en un regard il peut vous paralyser.

Pour terminer, rire du physique, ce n'est pas digne d'un vieux, même d'un vieux con… Laissez ça aux petits joueurs (cf. : Bigard).

## BLAGUE N° 2 À NE PAS FAIRE EN RETOUR D'UNE BLAGUE QUI VOUS A VEXÉ

*« Eh, dis donc, c'est ça que t'appelles du rap ? Moi, de mon temps… »*

STOP ARRÊTEZ TOUT. C'est peut-être le moment de faire un break, car vous venez d'utiliser l'expression « moi de mon temps », autant dire un truc qui vous faisait sombrer dans l'alcoolisme il y a encore peu de temps. Même pour rigoler, même au second degré :

**NE DITES JAMAIS « MOI, DE MON TEMPS »**

## BLAGUE N° 3 À NE PAS FAIRE EN RETOUR D'UNE BLAGUE QUI VOUS A BLESSÉ

*« Dis donc, Nicki Minaj, elle sait pas chanter mais elle a un sacré plateau fessier, ouf ! »*

ATTENTION, C'EST LE PASSAGE PAS DRÔLE DU LIVRE : vous souvenez-vous, quand nos parents essayaient de smurfer pour nous imiter en train de danser, ou quand ils mettaient une casquette à l'envers en faisant des gestes avec les mains, ou bien lorsqu'ils disaient des choses du genre « Eh ben, il est en train d'égorger un cochon, ou quoi ? », en parlant de l'un de vos chanteurs favoris de métal ou de raï ? Eh bien, n'oubliez JAMAIS que nos parents, et les leurs avant eux, ont eu notre âge et qu'ils ont écouté leur Slipknot. Pensez à ça quand vous êtes vraiment sur le point de dire que Tal n'a pas l'âge pour mettre des strings, que Léa Castel chouine, que cette musique « C'est de la soupe » ou que les One Direction viennent juste d'enlever leur appareil dentaire. C'est extrêmement blessant et, à moins que vous ne souhaitiez que tous ces adolescents se construisent en opposition à vous, essayant de se faire remarquer 1/par le biais de doubles anales broadcastées sur Secret ou 2/ en se shootant au Krokodil pendant l'heure de perm, ce n'est PAS une BONNE IDÉE.

## BILAN

*Peut-être que vous êtes un peu vieux con, mais tout ira bien à la fin.*

*Vous avez le droit de vous baigner dans la nostalgie, mais cette dernière est comme l'alcool et le gloss à paillettes : à consommer avec modération.*

*Finalement, quand on chérit ses bons souvenirs, ça n'empêche en rien d'apprécier les améliorations de sa vie avec l'âge.*

*Oui, vous allez vous manger plein de vannes en pleine tronche, et parfois vous allez ramasser vos plombages.*

*Mais comme vous n'êtes pas en reste, vous saurez quoi répondre, à ces p'tits cons.*

## LE POINT DE VUE DE

# MOULOUD ACHOUR

***Trente-quatre ans, chroniqueur, producteur, rigoleur.***

***Signes distinctifs :*** bon communicant, tranquille, bien que son portable sonne toutes les nanosecondes. Aime les chats et le Japon. A toujours été le petit jeune entre les vieux, le garçon parmi les filles, le mec drôle parmi les politiciens, bref, un garçon jamais où on l'attend, qui accepte volontiers de ne pas être à sa place si ça peut faire ouvrir les chakras.

***C'est quoi, pour toi, être un « vieux con » ?***

Je pense que « con » n'est pas un terme associé à l'âge. Un vieux con, c'est un jeune con qui vieillit. Tu l'as en toi dès la naissance ou pas. Il y a des gens qui sont déjà des vieux cons depuis la 6e. Par exemple, le mec qui te dit : « Tu n'avais qu'à prendre des copies doubles. » Tu sais que c'est un vieux con, même s'il a sept ans !

***Un peu comme une progéria interne ?...***

Grave ! Tu peux être sûre que Marine Le Pen à l'école ne filait pas de copies doubles…

***Cela veut dire que nous ne pouvons pas nous réveiller un jour à trente ans et regarder les jeunes en ayant du mépris pour eux ?***

Je pense que les gens qui jalousent la jeunesse, ceux qui disent : « Ils font n'importe quoi », n'ont jamais été jeunes. Quand tu es jeune, tu ne te demandes pas ce qu'est un « jeune » ou un « vieux » ; à mon avis, les gens qui se prennent la tête avec ça se sont juste trompés de combat toute leur vie.

### *Penses-tu que nous sommes une génération qui ne veut pas vieillir ?*

Nous sommes *de facto* une génération qui vieillira davantage, dans la mesure où l'espérance de vie est prolongée. C'est pour ça que des termes comme « adulescents » ou, pire, « enfulte [1] » existent. Aujourd'hui, j'ai trente-quatre ans, je ne suis pas en panique parce que je n'ai pas de môme. Je me dis que je pourrai en faire un à quarante/quarante-cinq ans et que j'aurai quand même trente ou quarante ans pour en profiter avant de mourir et de lui laisser en héritage mes figurines du chevalier du zodiaque. En fait, ces termes, c'est juste des termes associés à la démographie, pas à l'état d'esprit.

1. NDA : ceux qui ne sont pas encore tout à fait adultes, mais qui ne supportent pas qu'on les appelle « enfants ».

### *Est-ce que nous sommes obligés de vieillir ?*

Je ne me suis jamais posé la question. Pour moi, les trucs de vieux les plus fous que j'ai réalisés dans ma vie, c'est passer mon permis de conduire – que je n'ai toujours pas d'ailleurs – et acheter un appart. Je me disais : « Je serai un adulte au moment où j'aurai acheté un appart. » Et quand je l'ai fait, je me suis senti comme un grand, d'un coup.

---

> ***Pour moi la pire expression, c'est les gens qui disent « Attends, ça va, j'ai 22 ans, je veux profiter un peu de la vie »***

---

### *En voulant inconsciemment ne pas sortir de cette catégorie de jeunes, n'as-tu pas l'impression que nous volons sa place à la nouvelle génération ?*

Moi, j'ai toujours été le plus jeune partout, du coup j'ai toujours lorgné vers les vieux. Quand je me retrouvais à couvrir les campagnes présidentielles, j'adorais aller poser des questions à des vieux en costard. Quand j'écrivais pour la presse musicale, les artistes que j'interviewais avaient tous dix ou quinze piges de plus que moi. Donc on peut dire que je traînais davantage avec des gens de la old school ; pourtant, les questions d'âge ne se sont jamais posées.

***Et tu ne t'es jamais dit : « Cela n'est plus de mon âge » ?...***

Je n'ai jamais fait des « trucs de jeunes ». Je n'ai jamais dit « Wouhouuuu, on part en week-end à Amsterdaaaam », je n'ai pas eu de colocs, je n'étais pas invité dans les boums ; j'ai toujours été dans la création et l'écriture, ce qui te remet en question perpétuellement, ce qui t'empêche de dire des trucs qui foutent le cafard. D'ailleurs, pour moi, la pire expression, c'est les gens qui disent : « Attends, ça va, j'ai vingt-deux ans, je veux profiter un peu de la vie. » Ça veut dire quoi ? Ça veut dire qu'à vingt-cinq ans tu arrêtes de vivre ? Pour moi, c'est typiquement une réflexion de vieux con. Et le « un peu » dans la phrase me donne envie de fermer les yeux pour ne plus jamais les rouvrir.

***Est-ce que le mot « adulte » est un gros mot ?***

Mais non ! Parce qu'être adulte, c'est aussi le moment où tu regardes tes parents et que tu leur dis que tu les aimes.

***Pour les jeunes, être adulte, c'est avoir des responsabilités. Tandis que, pour les adultes, être adulte, c'est être libre. Comment se fait le passage ?***

Le point commun entre les deux camps est qu'ils sont persuadés d'être meilleurs. Les jeunes sont contents de ne pas encore être adultes, tandis que les adultes sont contents de comprendre des choses qu'ils ne comprenaient pas jusqu'alors. Mais tous sont liés par cette espèce de peur universelle de la mort.

***Alors, à quel moment on devient « adulte » ?***

Je pense que c'est avec les enterrements que tu deviens adulte. Quand tu enterres quelqu'un de ta génération pour la première fois, quel que soit ton âge, tu deviens adulte... Cela te rend plus grave, tu prends conscience de ce que ça veut dire, vivre.

***Sans juger, on voit quand même de grandes différences entre la nouvelle génération et les précédentes. Ils ont accès beaucoup plus vite que les précédentes à toutes les informations, l'as-tu remarqué ?***

Non, je trouve que c'est plus facile de localiser les curieux. Internet n'a pas changé la nature des gens, cela a juste permis aux curieux de se reconnaître entre eux et d'assouvir leur curiosité. Un gars qui n'est pas curieux, tu peux lui mettre tout à disposition, il va juste taper « Voiture » pour avoir… des images de voitures ! Cela me fait penser aux mecs à la bibliothèque : il y a ceux qui empruntaient le livre qu'on leur avait dit de lire à l'école et ceux qui y allaient parce qu'ils avaient soif de découvrir de nouvelles choses. À mes yeux, c'est le même processus… Moi, je me suis fait des potes à la bibliothèque en étant ado !

***Sommes-nous en train de voir arriver une génération plus manipulable ?***

Oui et non. Depuis les années 1940, nous sommes tous sous l'emprise de la culture de masse. Internet a créé une sorte de défiance à l'égard des médias traditionnels, mais représente quand même LA meilleure manière de manipuler les gens, de cibler leurs goûts ; ce qui rapporte aujourd'hui, c'est les *datas*, pour que l'on puisse te vendre des espaces publicitaires dans les mois ou les années à venir. On est dans un système où tout est mercantilisé. Cela dit, je pense que le fait d'avoir permis à des gens d'accéder à autant d'informations a fait naître des vocations. Ça, c'est super cool. Mais, foncièrement, Internet n'a rien changé du tout, c'est juste un moyen adapté à l'époque.

***Le vieux con, c'est le mec qui n'est pas dans le présent.***

***Est-ce que cette analyse n'est pas déjà le fait du vieux con ?***

Non, justement ! Ce que je veux dire, c'est que rien n'a changé : un mec de vingt-cinq ans en 2014 sera foncièrement la même personne qu'un mec de vingt-cinq ans en 1984 ! Il voudra les mêmes choses, c'est-à-dire prendre du plaisir, envisager son avenir, sortir avec une fille, etc. Ce sont des évolutions naturelles ! Un vieux con, c'est un mec qui a accumulé une certaine masse de savoir, qu'il pense supérieure à celles des autres. Le vieux con, c'est le mec qui va se penser plus pointu que les autres. Un mec qui va venir te dire : « Toi, tu écoutes du rap ? Moi, j'écoute de la dirty… ou je ne sais pas quoi ! »

### *C'était mieux avant ?…*

C'est pas que c'était mieux avant ; avant, c'était moins facile de percer si tu étais un bouffon. Vu qu'aujourd'hui tout est globalisé, tu as une multiplication des talents et, en même temps, une multiplication des nuls. Sauf qu'avant les nuls n'avaient pas la parole. Le truc rassurant, c'est que les nuls ne restent jamais.

### *As-tu déjà rencontré des gens beaucoup plus jeunes que toi qui t'ont bluffé ?*

Ouais, il y a un petit jeune qui vient ici (NDA : dans les bureaux de La Clique), qui s'appelle Valentin, il a seize ans et est arrivé en disant : « Salut, j'ai créé un réseau social en Tunisie pour que les journalistes puissent communiquer. » Je ne savais pas quoi faire avec lui, je lui ai juste dit : « Viens au bureau, kiffe. » Cela m'a rappelé quand, étant ado, je m'incrustais dans des studios radio et que je disais : « Salut, je voudrais faire une émission, mais vite, parce que là je suis en train de sécher les cours et il faut que j'y retourne dans une heure. » On m'a laissé traîner et faire ce que j'avais envie de faire, ça a été super important pour moi, donc j'essaie de faire pareil… Et puis le dernier « jeune » qui m'a impressionné, il a quatre-vingt-quatre piges et il s'appelle Michel Serres, il m'a scotché. Je n'ai pas vu un homme de quatre-vingt-quatre ans, j'ai vu un cerveau dans le présent. Il n'y a pas d'« âge » !

2

# METTEZ VOUS À JOUR !

*Au fond de ma grotte, terré,*
*J'épie le changement, ébété,*
*Chaque matin atterré par la vacuité,*
*De Gangnam style. Non mais sérieux quoi.*

Qui sont-ils ? Que veulent-ils ? Comment est née cette race mutante entre l'enfant et l'adulte ? Faut-il en avoir peur ? Immersion exclusive, au coeur d'un gang de l'extrême, caméra à l'épaule pour faire vrai…

## A COMMENT EST NÉE LA JEUNESSE ?

Avant le siècle des Lumières, le contrôle des naissances et la baisse de la fécondité, les enfants possédaient une seule fonction : être des petits machins en attente de devenir adultes. C'était le Moyen Âge, nous vivions dans la boue et il faisait froid, même en août [1]. Tous les êtres humains vivaient sous la coupe d'autres êtres humains (sauf les rois, qui répondaient à Dieu) : les seigneurs dépendaient des rois, les paysans des seigneurs, les femmes des hommes, les esclaves des maîtres… et les jeunes de leurs parents. Ces derniers n'inspiraient que peu d'intérêt et, dans la mesure où nous n'étions pas sûrs qu'ils restent vivants longtemps, nous essayions de ne pas trop nous y attacher.

### Sales moutards

*Pour notre ami Socrate, « notre jeunesse aime le luxe, elle est mal élevée, elle se moque de l'autorité et n'a aucune espèce de respect de ses aînés. Nos enfants […] sont des tyrans. Ils ne se lèvent pas quand un vieillard entre dans une pièce, ils répondent à leurs parents et ils sont tout simplement MAUVAIS [2] ».*

1. C'est en tout cas l'image qu'on a du Moyen Âge ; écrivez-nous si vous n'êtes pas d'accord.

2. Mauvais, on l'a mis en majuscule, prenez ça pour une interprétation libre découlant d'un nombre trop important de visionnages des sketchs d'Élie Kakou

Jusqu'à ce qu'ils deviennent adultes et qu'ils soient matés, les jeunes ne servent donc à rien, à part constituer un investissement à long terme : un bon parti pour faire un bon mariage, un ouvrier de ferme capable de biner sans broncher quatorze heures par jour, un esclave, un guéridon, quelque chose d'utile, quoi. Nul besoin de préciser que, dans ces temps reculés où la lecture et l'écriture ont failli disparaître, on ne s'interrogeait pas sur les aspirations, les sentiments, les hormones ; les considérations de vieux cons, le boulanger de 1234 devait bien s'en moquer. Mais ne blâmons pas les moyenâgeux : ils n'avaient tout simplement pas le TEMPS de réfléchir, trop occupés à travailler pour survivre ; et quand ils avaient enfin cinq minutes, c'était l'heure du bain mensuel, de la cuite à l'auberge ou de la fécondation d'une domestique.

Heureusement, le progrès technique a permis d'offrir quelques heures d'oisiveté aux classes les plus privilégiées, qui se sont mises à réfléchir, à observer, à analyser les grands principes de la vie comme l'amour, le destin, l'ambition : les hommes ont levé la tête pour Renaître [3]. Ils ont redécouvert la littérature, l'art, Rousseau, la pomme de terre, les fraises, l'Esprit humain et, surtout, l'enfant. D'un coup, d'un seul, l'enfance est passée de l'âge des instincts et des mauvaises pulsions à quelque chose de beaucoup plus précieux. Observer et écouter les jeunes a été un nouveau chamboulement. L'espérance de vie s'allongeant, les gosses sont devenus les décideurs de demain. À l'époque, ils prenaient dix points par jour au Cac 40 tant ils étaient devenus porteurs d'espoir. Au lieu de leur mettre une craquette derrière la tête dès qu'ils ouvraient la bouche, le monde s'était tourné vers eux et leur disait : « Prenez la société, démerdez-vous, régénérez-la et rendez-la meilleure. Allez, salut, nous, on va faire la sieste. » Depuis, l'influence des jeunes est allée en galopant et leur avis n'a cessé de prendre de la valeur. Chapeau bas aux intellectuels qui ont mis en marche ce changement de direction ; sans eux, on n'aurait jamais connu Stéphane Bak, qui aurait dû aller se coucher à 19 h 30 au

3. La Renaissance : nom de période le plus stylé de toute l'histoire Ever.

lieu de performer et de lever les jeunes foules. Ou alors il aurait été emporté par la tuberculose et sa chambre aurait été louée à un abbé pour arrondir la rente du foyer.

### Le jeune n'est-il qu'une grosse victime ?

*Les jeunes sont aujourd'hui comme une bombe sexuelle dans une prison d'hommes : épiés, enviés et surtout ultra sollicités. Avant, la consommation était plutôt réservée aux adultes ; aujourd'hui, les jeunes sont des consommateurs comme les autres, dès leur plus jeune âge. Devenus précieux aux yeux du monde, ils sont la cible des publicitaires qui tentent de les appâter de plus en plus tôt, usant de figures emblématiques et de stratagèmes toujours plus décalés et créatifs. La marque Yop est même allée jusqu'à inverser les rôles : la fameuse réplique de 1996 (« T'as craché dans mon Yop ») est, en 2014, prononcée par le parent, l'enfant faisant figure d'autorité face à sa mère en colère. Mais où va le monde (s'interroge le vieux con) ?*

## B QUI SONT LES JEUNES D'AUJOURD'HUI ?

### 1 - LA GÉNÉRATION Y

Si vous êtes né entre 1981 et 1990, vous faites partie de « la génération Y » – à prononcer en anglais *why*. Si vous n'étiez pas enfermé dans une cellule depuis votre naissance, vous savez instinctivement que *why* signifie « pourquoi » en anglais. En effet, les jeunes Y n'ayant pas eu à reconstruire la société comme leurs aînés – qui, eux, avaient déjà bien bossé depuis la fin de la seconde guerre mondiale –, ils ont tout simplement décidé de la remettre en question. Pour s'affranchir des chaînes du passé, ils ont réinventé leur monde en déconstruisant les idéaux de leurs parents. Notons que le comportement de la génération Y ressemble ici à celui d'un enfant de deux ans qui, bien qu'il ait appris depuis sa naissance les règles de base pour survivre et être poli, se met subitement à rejeter en bloc l'ordre établi. Tout cela pour se construire sa propre identité – apparemment, pour les pédopsychiatres, cette étape de rejet des valeurs adultes est capitale pour l'autonomie. Bon.

## Les Why de la génération Y

- *Pourquoi doit-on se marier entre hétéros ?*
- *Pourquoi n'avoir qu'un seul partenaire ?*
- *Pourquoi doit-on obéir ?*
- *Pourquoi doit-on voter ?*
- *Pourquoi doit-on travailler ?*
- *Pourquoi doit-on faire une école de commerce plutôt qu'une école de cirque ?*
- *Pourquoi ne peut-on pas squatter jusqu'à trente ans chez ses parents, histoire d'économiser ses premiers salaires ?*
- *Pourquoi doit-on faire un enfant à vingt-cinq ans, alors que les ovaires sont viables jusqu'à trente-neuf ans ?*
- *Pourquoi n'a-t-on pas inventé Internet plus tôt ?*
- *Pourquoi n'y a-t-il plus de Concorde ?*
- *Pourquoi n'est-on pas immortel ?*
- *Pourquoi ne faut-il pas envoyer un sms à son ex quand on a bu ?*

Ainsi, les jeunes de la génération Y [4] ne se sont pas battus, slips en l'air, en 1968. Les mots « sida » et « crise » leur sont aussi familiers que « bonjour » et « au revoir », et ils considèrent que la pilule, le vote, la drogue et la télévision sont des acquis.

Il y a mille explications (parfois fantaisistes) sur les origines de ce Y. C'est vrai, pourquoi dit-on Y et pas W ? ou encore « génération Boloss » ou « génération V2 » ?

4. Rappelons toutefois que la terminologie ne concerne que les petits Occidentaux, bien sûr.

En fait, le Y évoque :

- la forme des fils de leurs écouteurs de MP3 partant des deux oreilles jusqu'à leur cou ;
- le string qui dépasse des pantalons taille basse (qui est une vraie faute de goût, mais ne leur spoilons pas l'avenir, ils ne le sauront que plus tard) ;
- la suite de la génération X.

## La génération X ou De Mi-Gaulle

*La génération X est coincée entre les baby-boomers et le dernier tube de Prince. Elle est née entre 1960 et 1981 : c'est la génération de l'ex-RDA, celle qui a découvert le chômage et le sida, celle qui scandait « No future » ou « De Mi-Gaulle [5] ». LA plus grande caractéristique de cette jeunesse-là, c'est la fin de l'espoir, la mort des idéaux et le besoin de changer les choses et de rompre avec la société patriarcale. On comprend très bien alors pourquoi la génération X juge si durement la Y, ces derniers n'ayant pas eu à se battre et le clivage avec leurs propres parents étant moins fort.*

Loin d'être des gamins pourris gâtés qui ne s'extasient devant rien – ce reproche est fait à CHAQUE génération, nous avons TOUS dans notre entourage une vieille grand-mère qui nous explique que, de son temps, elle n'avait droit qu'à du lait et à des crottes en chocolat à Noël –, les Y ont suivi les évolutions technologiques avec passion depuis leur naissance, comme la HD, l'écran plat, puis tactile, le wifi, etc. C'est ce qui explique sans doute qu'ils soient NATURELLEMENT à l'aise avec les technologies, et surtout Internet ; pour cette raison, on les appelle aussi les digital natives (se prononce « digitoAol Nativ' »).

5. O.K., historiquement il n'existe aucune trace de ce jeu de mots, alors que, quand même, le général avait un nom qui s'y prêtait. Mais Charles de Gaulle (pas l'aéroport, le président), c'était trop un mâle alpha pour se laisser railler de la sorte.

## 2 - LES DIGITAL NATIVES : SEX, WEB ET EGOTRIP

Les jeunes et les adolescents, nés dans un chou ou dans une fleur à partir des années 1990, ont été transfusés par la génération Y et ont poussé avec un produit de la marque Apple dans les mains. Leur dépendance à leurs appareils peut être quasi maladive, si bien que leur plus grande angoisse est d'être en « edge », ce qui, pour nous, dans les années 1980, serait l'équivalent d'être privé de sorties pendant deux mois. Aucunement impressionnés par la technologie de pointe, ils déclarent leurs impôts sur le net et font leurs courses dans des magasins en ligne. La société a dû s'adapter à leur nouvelle façon de consommer, devenue une vraie culture où tout doit aller vite, être accessible sur le web, sans encombre. Et cela commence dès le CP, avec de nombreuses activités numériques au programme. Les plus grandes enseignes, marques et annonceurs se sont même détournés des chaînes de télévision pour investir la toile, et ces chaînes de télévision créent des chaînes sur le web (comme Canal Street, du groupe Canal +, ou Kick On, lancée par Kev Adams) ! Cela agace d'ailleurs le vieux con qui est complètement perdu entre ses douze télécommandes.

Naître à l'ère d'Internet a littéralement boosté la créativité de ces jeunes digital natives, un pinceau dans la bouche et une idée dans chaque main ; l'accès à l'information est si normalisé que l'enjeu n'est plus de savoir comment faire pour y accéder, mais ce qu'on peut en faire. Le nombre d'initiatives créatives des digital natives est ainsi tout bonnement impressionnant ; en témoigne la multiplication des blogs qui offrent un moyen simple et rapide de s'exprimer sans que cela coûte un rondelet. Ajoutez-y une bonne maîtrise des réseaux sociaux, une soif intarissable de célébrité et une petite aide des plateformes de cagnottes en ligne finançant les projets les plus populaires et vous verrez bon nombre de ces petits poussins propulsés au rang de superstars de l'Internet mondial.

### Ces faux génies du numérique

*Nous nous extasions toujours qu'un enfant de vingt mois sache slider de son index sur une tablette numérique ; mais nous aussi, à vingt mois, nous savions zapper avec une télécommande pointée sur le tube cathodique pour changer de chaîne, et cela épatait aussi les vieux ! Les enfants ne sont pas devenus des petits génies, ils ont juste la faculté innée, comme tous les bébés, de s'adapter extrêmement vite à leur environnement et à ses codes. Envoyez un enfant de quatre ans quelques semaines à Londres et il revient bilingue (alors que si vous envoyez quelques semaines un trentenaire à Londres, il revient alcoolique).*

## C QU'EST-CE QUE VEULENT LES JEUNES ?

### 1 - LA FAMILLE, C'EST SO 1932 ?

Chaussons nos lunettes et prenons l'air sérieux quelques instants pour tenter de bien analyser la question : les jeunes ont toujours eu besoin de se rassembler autour de ce qu'on peut appeler des clans. À l'origine, l'organisation clanique permettait à un ensemble de familles de se réunir autour d'un ancêtre commun (réel ou fictif). Mais, avec le temps, la notion de clan a évolué et, aujourd'hui, nous nous réunissons plutôt autour d'idées politiques ou de passions communes, autour d'une appartenance raciale ou même d'une couleur de cheveux (association de défense des roux, par exemple) – à ce stade, dans cinq ans nous présiderons l'assemblée générale de l'association de « défense des poils sous peau et sans reproche ».

Plusieurs raisons à cela :

→ le temps alloué aux réflexions spirituelles a quasiment disparu. Alors qu'avant la jeunesse se tournait vers son confesseur ou vers Dieu pour trouver les réponses à ses questions, elle a naturellement muté vers d'autres référents, le recul de la pratique religieuse aidant ;

- les jeunes ne sont plus contraints par les « rites » de passage à l'âge adulte tels que le service militaire (aboli par Jacques Chirac en 1996), où une année entière était passée à accomplir des devoirs chiants comme ramper sous la pluie sans que cela soit la guerre, tout ça pour montrer son amour du pays ;
- le concept de famille nucléaire a subi une profonde mutation : alors qu'elle formait le modèle familial occidental dominant, c'est-à-dire un couple monogame avec des enfants (à la différence de la polygamie ou de la famille élargie, hébergeant plusieurs générations et dont les grands-parents étaient les chefs), la famille nucléaire explose (nucléaire… hé hé) avec l'augmentation des divorces, des couples monoparentaux et des familles recomposées.

En portant ce sac à dos plein de bouleversements sociétaux profonds, le jeune a dû ainsi trouver d'autres biais de remplacement. Sa solution : les copains. Le crew, la jmehation. Car, contrairement à la famille, les amis, on les choisit.

## PAUSE MUSICALE

« On choisit pas ses parents
On choisit pas sa famille
On choisit pas non plus
Les trottoirs de Manille,
De Paris ou d'Alger,
Pour apprendre à marcher. »

Maxime Le Forestier, « Né quelque part », 1988.

Choisir, c'est être libre et avoir le droit d'être tatillon. Nous « castons » cette nouvelle famille par affinités, culture, look – nous avons tous en tête cette photo de notre père, à dix-sept ans, en blouson, autour d'une mobylette et de cinq copains qui ressemblaient tous plus ou moins à Antoine. La grande différence, c'est que nous pouvons nous en débarrasser, en les congédiant par SMS ou par mail, s'ils ne répondent plus à nos critères. Alors que nous avons rarement le courage de congédier nos parents, en tout cas pas avant vingt ans. Pascale Weil, sociologue, a bien montré cette remise en question du modèle patriarcal de la famille et la concentration de notre attention sur les gens qui nous ressemblent, de manière à ce que « les pairs deviennent plus importants que le père [6] ».

Les réseaux sociaux ont fortement contribué à entériner ces relations exacerbées entre amis. Sur Facebook, deux amis peuvent ainsi librement décider de leur statut de frère et sœur, père et mère, ou couple, signe d'une envie profonde de ramification ; les jeunes plébiscitent les groupes privés au sein desquels ils échangent et postent des messages ; même quand ils se déchirent, ils utilisent les réseaux sociaux ; le harcèlement scolaire a d'ailleurs pris une autre dimension depuis que les bourreaux des cours de récré se lâchent sur la toile.

## Les réseaux en dérive

*Le suicide d'Amanda Todd, une Canadienne de quinze ans, a ému la toile. Elle avait fait l'erreur d'envoyer la photo de ses seins à un homme avec qui elle entretenait une relation amoureuse virtuelle. Ce dernier ayant fait circuler le cliché, Amanda est devenue la risée de son école. Après avoir changé de lycée où d'autres jeunes s'en sont pris à elle, après deux tentatives de suicide infructueuses et la diffusion d'une vidéo dans laquelle elle demandait à ses « camarades » de la laisser tranquille, elle s'est suicidée le 13 octobre. Depuis, le cas « Amanda Todd » sert au personnel encadrant des écoles à ne plus minimiser l'impact du harcèlement en ligne et à punir les responsables de messages haineux. Pour nous, la règle du bon utilisateur des réseaux sociaux, c'est : ne dis rien sur internet que tu ne pourrais pas dire en face de la personne concernée. Bitch.*

6. Pascale Weil, *Tels pères...quels fils ?*, Paris, Eyrolles, 2006.

Bien sûr, la plupart des gosses ne sont pas des loups sauvages et méchants, et, pour la plupart, Internet leur sert uniquement à s'isoler des parents, car, pour les jeunes d'aujourd'hui (et d'hier), la famille reste souvent un boulet, et ils pensent que leurs amis sont bien mieux que leurs parents. Cela n'a finalement pas trop changé depuis Mai 68 !

## 2 - LES JEUNES ONT-ILS DES RÊVES OU UN PEL ?

Cette question, nous ne sommes pas les premières à nous l'être posée : les chercheurs de la Fondation pour l'innovation politique [7] ont organisé une grande étude sur le sujet. En 2011, l'institut TNS Opinion a interrogé 32 700 jeunes âgés de seize à vingt-neuf ans, originaires de vingt-cinq pays, pour obtenir des pistes de réponses [8]. Mais, comme nous sommes français, nous allons nous pencher particulièrement sur l'hexagone (les rêves d'une Japonaise de treize ans ne vont pas vous aider à comprendre vos compatriotes).

### *Sur le plan personnel : les jeunes sont joyeux et pleins d'optimisme*

- 83 % des jeunes sont satisfaits de leur vie (au-dessus de la moyenne européenne, qui est de 78 %) ;
- 79 % sont massivement satisfaits de leurs amis ;
- ils sont ravis de leur temps libre (ce qui prouve que nous ne faisons pas grand-chose en France, contrairement à la Chine) ;
- pour être heureux, il leur faut en priorité « fonder une famille » (47 %, ce qui est très supérieur à la moyenne européenne), loin devant « gagner beaucoup d'argent » (14 %) ou « se sentir libre » (18 %). Applaudissons nos jeunes qui semblent sincèrement attachés à « l'humain » plutôt qu'au matériel.

---

7. Un groupe de réflexion dirigé par le politologue Dominique Reynié.

8. Vous pouvez retrouver cette étude, intitulée *Nouveau Monde, nouvelles générations*, sur fondapol.org

***Sur la situation du pays : les jeunes sont râleurs et pessimisme (oui, nos jeunes sont bien français) :***

- la situation du pays est « satisfaisante » pour seulement 25 % d'entre eux (et si on les envoyait… en Chine ? Pour rire ? Oh, ça va !) ;
- 47 % sont heureux de l'époque dans laquelle ils vivent ;
- 1 jeune sur 2 imagine son avenir personnel prometteur (contre 61 % des Européens) ;
- 43 % pensent qu'ils auront un « bon travail », comme chroniqueur sur NRJ12 ;
- ils se sentent d'abord « humains » (81 %) plutôt qu'appartenant à un pays (70 %), à une ethnie (53 %) ou à une religion (43 %) ;
- 39 % des jeunes ne veulent PAS payer la retraite de leurs aînés (HAHAHAHAHA) ;
- 83 % des seize/vingt-neuf ans accordent une grande importance à leur physique (contre 77 % pour la génération précédente).

Le jeune d'aujourd'hui veut donc être beau et se moque bien d'être milliardaire, puisqu'il sait déjà qu'il y a peu de chance que cela arrive, vu le contexte économique. Il veut fonder une famille et en profiter, ainsi que de ses amis, il veut couler des jours pépères. Et qu'on lui fiche la paix… Ça ne vous rappelle personne ?

## D LA CULTURE DES JEUNES POUSSES

### 1 - THIS IS THE VOICE AAAAOOAA

Les mécanismes de pensée qui conduisent à éprouver de l'intérêt sont sempiternels : on écoute, ça nous touche, on se reconnaît, on s'identifie ou alors on tombe amoureux, on se sent appartenir à une communauté et ça fait du bien. Quant à l'ADN des trilles qui font bouger les jeunes têtes, elle est électronique, samplée, pleine de gens qui parlent en même temps, et il faut dire qu'une phrase sur deux, on ne comprend pas où ils veulent en venir (on pense notamment à la chanson de Macklemore, « Thrift Shop », dans laquelle le type raconte qu'il n'a que twenty dollars dans sa pocket). Même si les centres d'intérêt restent les mêmes (on a connu les Hanson et les 3T), les jeunes contemporains se paient, pour la musique :

- **Carbon Airways**, un duo électro franc-comtois, composé d'un frère et d'une sœur nés en 1997. Repérés en 2011 par les Trans Musicales, les deux ont joué au festival Coachella édition 2014 et proposent des expérimentations musicales sur fond d'électro.

- **Big Flo & Oli**, une autre fratrie qui rappe à la Eminem dans *8 Mile* (nous sommes gentilles, nous vous raccrochons à des références qui vous rassurent). Les deux pipouches sont nés dans les années 1990 et, pour leur premier single clipé, ils arrivent à radiner Kyan Kojandi, star de la série *Bref*.

- **Sexion d'Assaut** : voici quelques années que ces jeunes – de moins en moins jeunes – fracassent les oreilles de nos cadets, notamment grâce au mélodiste Maître Gims dont les refrains porteurs de trémolos enflamment le cœur des enfants.

- Chez les rappeurs pur jus, **Jul et Kaaris** appartiennent à une mouvance qui, ces dernières années, avait perdu de sa superbe : le rap hardcore. Des samples faciles et lancinants et des paroles trash, comme – attention, indignez-vous – « Te déshabille pas, je vais te violer », que nous assène le petit Jul, rappeur marseillais vocodé, comme Jim Morrison était coké.

- Il faudrait parler du **Gangnam Style**, qui a rendu FOUS les enfants et qui, avec plus de deux milliards de vues, explose tous les scores de partage ; le cœur des enfants a ses raisons que les adultes ignorent… (c'est écrit tout petit, comme chuchoté).

Cette liste est, bien sûr, non exhaustive. La leçon à retenir ici est que les jeunes sont jeunes et trash, beaux et frais comme Miley Cyrus qui continue à tirer la langue, alors qu'on lui répète qu'elle a l'air ridicule. C'est simplement l'inconscience ou la légèreté de la jeunesse : les jeunes « intellectualisent » moins leurs goûts, sont plus instinctifs. Les vieux cons, eux, expliqueront TOUJOURS rationnellement pourquoi Eddy Mitchell est plus fort que Mick Jagger. Si nous ne comprenons pas les affinités de nos jeunes pour certaines modes, rappelons-nous simplement l'expression « c'est de son âge », inventée à juste titre et pas pour faire joli. Elle explique bien pourquoi NOUS (les vieux) ne pouvons saisir certaines subtilités.

## 2 - C'EST TOUT POUR MOI J'M'APPELLE LE JEUNE

Pour se faire rigoler, les enfants de ce siècle cliquent sur des trucs. Plein de trucs. Des vidéos de chats qui parlent, des vidéos de chats qui dansent, des vidéos de pandas roux qui couinent, des vidéos de gens qui tombent, et des vidéos faites par des jeunes comme eux, chez eux, pour leurs amis, et qui commencent comme toutes les vidéos de stand-up du MONDE, sauf qu'ils sont dans leur chambre et non dans une cave où la bière est coupée à l'eau. Parmi les starissimas du web, quelques noms, les plus significatifs :

• **Norman**, c'est le guy next door devenu rock star du web. Le mec normal qui, avec son air de Michael Cera de la webcam, déclenche au moins un million de likes en dix minutes à chaque nouvelle vidéo sortie sur les réseaux. Limite les fans lui envoient des photos de seins par mail, comme quand nous, en concert, nous envoyions des soutifs 75A à World's Appart. Ce qui fait rire, c'est son œil analytique moderne des situations de la vie, ah oui, non, il n'a rien inventé, enfin si : se mettre en scène pour zéro sou et engranger des millions d'yeux attentifs tournés vers lui.

• **Mister V** : petit frère beau gosse du précédent, il a pris la même recette avec un je ne sais quoi de mignon qui a fait de lui le digne cadet de ses pairs, tiens, encore eux… Du coup, les deux se sont associés et font des trucs ensemble, oui, parce que ce que font les jeunes, ce ne sont pas des plans sur la comète à base de dèj' dans trois mois : ils font des trucs, et ça marche. Et si ça ne marche pas, ils s'en foutent, ils font d'autres trucs.

- **Kev Adams**, le cavalier seul. Jeune qui vieillit, Kev Adams fait toujours croire qu'il a dix-sept ans, car son public en a treize, il est sollicité de toutes parts, a déjà une série à son nom (mais si : *Soda*), apparaît dans 45 % des publicités qui veulent rameuter le pouvoir d'achat du moins de vingt ans et tourne dans des films, car il est identifié comme LE JEUNE qui marche.

- Pour les un tout petit peu plus vieux, on peut citer **Golden Moustache, Suricate, Studio Bagel**, des collectifs qui ont le vent en poupe (attention, expression de IEUV TOTAL), dont les vidéos sont plus léchées et budgétées que les jeunes précédents. La stratégie de ces nouvelles holdings : créer une pépinière de talents, d'auteurs, de comédiens - tiens tiens, on se rapproche du modèle américain et, rien que pour ça, on leur dit MERCI LES GARS.

## 3 - À QUI ILS SE CONFIENT ?

Ne cherchez pas : si un jour votre enfant se pose une question, ce n'est certainement pas vers vous qu'il se tournera pour avoir la réponse. Il ira demander à de parfaits inconnus, sur les forums, ces veillées modernes. Notre génération de trentenaires a bien le réflexe d'aller voir s'il va mourir dans de terribles souffrances sur doctissimo.com, mais elle n'alimente que peu la conversation. La nouvelle génération, en revanche, trouve dans ces espaces de discussions ouverts et anonymes toutes les réponses (et souvent de mauvaises) à ses questions. Du sexe – en premier – au mal-être, en passant par les goûts musicaux et les petits tracas du quotidien ; si nous les réglons entre amis autour de séances de discussion – et de chardonnay –, eux abreuvent le web et débriefent par texto. Bah ouais Morray, c'est chelou, mais, au moins, les célèbres et insupportables questions « C'est quoi cette bouteille de lait ? » et « Comment on fait les bébés ? » vont ENFIN appartenir au passé, et c'est VRAIMENT une BONNE nouvelle. Parmi les communautés les plus connues, on peut citer :

• **Ask.fm** : alors que nous jouions à action ou vérité avec une bouteille au centre d'un cercle, les nouveaux jeunes jouent à vérité ou vérité en ligne. Connectés *via* leurs comptes Facebook ou Twitter, ils se posent des questions et répondent à d'autres. En gros, c'est pour savoir si « tu veux sortir avec moi, car, dans la cour, je n'ai pas osé te donner un petit papier plié en 8 ». Cela permet de délier les langues et de ressentir ses premiers émois tapis derrière son Retina. Soixante millions d'utilisateurs pour ask.fm, bim.

• Pour les moins directs, il y a toujours les « topics » de forum, comme ceux de **doctissimo**, bien sûr, mais pléthore de e-places publiques, comme les **Blabla 18-25**, les forums de **madmoiZelle.com**, **auféminin.com**, **jeuxvidéo.com**... En fait, partout où nous pouvons poser une question anonymement, comme pour dire : « Ce n'est pas pour moi, c'est pour un copain »...

## 4 - QU'EST-CE QUE LES JEUNES REGARDENT ?

Plus besoin de se dépêcher pour rentrer de l'école et pour ne surtout pas rater une seconde de Drazic dans *Hartley, cœurs à vif* ou de Lola dans *Un, Dos, Tres*. Les séries contemporaines se consomment en streaming sur les sites Internet ou se téléchargent (légalement, calmez-vous, HAHAHA). On attend lundi matin pour un *Game of Thrones* sous-titré, on se mange toute une saison de *Breaking Bad* si on n'a pas la patience d'attendre une semaine pour l'épisode suivant. C'est anodin ? Non. Car tout est disponible, la fébrilité a changé d'endroit. On est pressé de consommer...

• Dans les séries pour adolescents, on peut citer ***Girls***, ses ancêtres déjà vieillissants ***Skins*** ou ***Misfits***. ***Skins***, c'est l'histoire d'un groupes de jeunes avec des névroses de leur âge, traitées de manière différente mais avec un socle commun : sexe, amitié et aventures épiques.

• Et pour les petites nouvelles qui enflamment le cœur des enfants en 2014 : ***Don't Trust the Bitch in Apartment 23***, ou l'association de deux filles issues de deux mondes différents amenées à vivre en colocation ; ***2 Broke Girls***, dont le pitch est dans le titre (« Deux filles fauchées ») ; et beaucoup de séries sur des fantasmes du futur de l'humanité, ***Real Humans***, ***Orphan Black*** ou ***Utopia***. Non seulement toutes ces séries sont des succès (en téléchargement et en nombre de téléspectateurs), mais, en plus, elles plaisent aux adultes responsables que nous sommes (nous les avons toutes regardées). Cerise sur le gâteau, elles apprennent aux ados à apprécier de vraies bonnes intrigues (contrairement à AB Productions) et améliorer leur LV1 !

## BILAN

*La jeunesse évolue, connaît de grandes difficultés à s'épanouir en pensant à l'avenir tant les adultes s'évertuent à le leur rendre sombre, mais la famille et les valeurs morales restent au cœur de leurs préoccupations. Il y a toujours de l'espoir !*

*Si les jeunes ont des goûts particuliers, qui vous excluent, c'est normal, ils forment leur clan avec de nouvelles armoiries (la langue de Miley Cyrus).*

*Les jeunes sont des brebis pour le loup publicitaire. Alors que vous avez encore un peu de discernement. C'est pour cela qu'ils cèdent à des modes, que vous ne comprenez pas... car vous n'êtes pas la cible.*

*Les jeunes ne sont pas des génies de l'informatique, ils ont simplement assimilé les nouvelles technologies à un âge où ils étaient plus perméables que vous. Ils ne peuvent donc pas vous paralyser en un regard grâce à leur super cerveau.*

## LE POINT DE VUE DE

# BRUNO « NAVO » MUSCHIO

***Trente et un ans, auteur de La Bande pas dessinée, cocréateur de* Bref, *devenue pendant deux ans un gimmick dans les statuts Facebook sur tout l'Internet francophone.***

***Signes distinctifs :*** intelligence affûtée, logique implacable, self made man comme Rockefeller, cheveux légèrement bouclés, mignon. Peut faire ouvrir les chakras.

***C'est quoi, pour toi, un vieux con ?***

Je ne sais pas trop… Un con qui a vieilli ? un réac ? quelqu'un qui a l'impression d'être supérieur à quelqu'un d'autre ? En fait, la définition du « vieux con » peut concerner à peu près toute la population. À partir du moment où tu dis : « De toute façon, les jeunes, c'est de la merde », tu es un vieux con. Ce qui fait mal, c'est que ces jeunes sont en train de construire le monde de demain, et cela embête le vieux con de ne pas en être. En acceptant que le monde qui se construit n'est peut-être pas le tien, tu seras moins un vieux con, enfin je crois…

***As-tu déjà eu le sentiment d'être vieux ?***

Je crois que je n'ai jamais dit : « Ce n'est plus de mon âge. » Dans ma tête, être vieux, cela n'a pas de rapport avec l'âge. Être âgiste*, c'est penser que quelqu'un fait de la merde, parce qu'il est jeune et qu'il n'est pas de ton « temps », plutôt que d'essayer de discuter et d'accepter d'être dans le même bateau. Les vieux cons, ce sont ceux qui disent « les jeunes cons ».

### *Dans aucun domaine de ta vie tu ne t'es dit : « C'était mieux avant » ?*

Si ! Mais, pour moi, pas pour le monde entier ! Je viens du rap et, dans ce milieu, on dit souvent en rigolant : « Le rap, c'était mieux avant. » En fait, ce n'était pas mieux, c'est juste qu'avant on était plus jeune et donc plus disposé émotionnellement à recevoir des informations nouvelles et à les traiter de manière positive. Quand tu crois que le monde est « fait » pour toi, forcément tu trouves que c'était mieux avant !

### *C'est pour cette raison que les gens disent cela ?*

Dès que le monde change – comme lorsque les homos acquièrent le droit de se marier, les femmes celui de voter ou quand les Noirs ne sont plus des esclaves –, tu te sens remis en question, parce qu'on modifie ton « chez toi » ; alors que ce n'est pas chez toi ! C'est ce qui m'a rendu dingue lors des débats sur le mariage pour tous ! On n'avait rien demandé aux opposants, on était juste en train de construire un monde, intégrant enfin les homos ; la France est un État de droit, on est tous égaux, on est tous nés dans ce pays, donc il n'y avait rien à négocier ! Ces gens ont réagi comme ça, parce qu'ils se sont sentis rejetés : on modifiait leur monde.

---

**_Si tu sens que tu vires vieux con, traîne avec des jeunes !_**

---

### *As-tu déjà eu personnellement affaire à des vieux cons ?*

Je bossais chez des notaires dans l'informatique, je devais changer une fonction dans leur logiciel ; il y avait une différence entre ceux qui pétaient un câble, les relous, qui disaient : « Pourquoi tu as modifié quelque chose qui me convenait ? J'avais pris mes marques et là tu me changes tout », et les autres qui disaient : « Okay, cela me convenait avant, mais je m'adapte. » Je crois que gérer un vieux con, c'est gérer une mauvaise volonté.

### *À quel moment devient-on vieux ?*

Tu deviens vieux quand tu décides que tu es vieux. Un jour, tu tires le monde, et puis soudain le monde va plus vite que toi, tu te laisses porter ; si tu ne t'accroches pas au moment où il te dépasse, t'es foutu.

### *C'est pour ça que les blagues « à la Michel Leeb » ne fonctionnent pas bien sur le public jeune ?*

Oui. À un moment donné, les mecs proposaient des blagues sur les Noirs, les Chinois, cela faisait marrer les gens, ils remplissaient leur mission. Sauf qu'avec l'arrivée d'une nouvelle génération, les codes sociétaux ont changé et les vannes de ces humoristes sont devenues complètement « out ». Leur vision du monde est dépassée, du coup leurs blagues racistes aussi…

Si tu sens que tu vires vieux con, traîne avec des jeunes !

### *Être raciste et anti-jeune, c'est pareil ?*

Même si les fondements sont différents, c'est la même mécanique du rejet de l'autre, oui. Au bout du compte, un étranger arrivant en France finit par être intégré, et un jeune finira vieux. Quand tu as peur de l'inconnu, il faut s'y confronter, mais personne ne peut forcer personne à faire ça. Il n'y a qu'à voir dans *American History X*.

### *T'es-tu déjà senti comme devant une peuplade étrangère en entendant le langage des jeunes ?*

Oui ! Mais c'est le but ! Tu crées des langages pour te regrouper. Qu'il s'agisse de bouchers qui parlent entre bouchers, de traders entre eux, de jeunes qui parlent en argot, c'est important de se créer un langage et des codes pour se sentir intégré, dans n'importe quelle communauté.

### *Penses-tu qu'il soit important de fréquenter des personnes plus jeunes ?*

Oui, il le faut ! Prends l'exemple d'Alain Chabat, quand il a découvert Jamel Debbouze, il s'est juste dit : « Mais attendez, c'est un génie, ce gars ! » Il n'a pas craint pour sa place. En acceptant de vieillir, tu évites justement d'être « out » ; ton avis devient important, parce que tu as de l'expérience. Mais il ne faut pas oublier que l'avis du plus jeune que toi est tout aussi important, parce qu'il est en phase avec un public. C'est le problème en télévision, où des vieux t'expliquent ce que tu dois faire ou utiliser pour leur plaire. Sauf que toi, tu ne veux pas plaire à des vieux, mais à tes potes, aux gens qui t'entourent ! Il faut se battre pour défendre ses idées tout en respectant la case à laquelle on appartient. Ou alors s'en foutre et imposer son avis…

***À propos de* Bref*… Est-ce que vous vous êtes dit : « On va faire une série générationnelle sur "les jeunes de trente ans plus très jeunes" » ?***

Non, on s'est dit : on va parler de nous. Kyan s'est retrouvé figure de proue d'une génération, parce que le Blanc de trente ans, c'est le « neutre ». Kyan, c'est le gars normal pour les jeunes, les vieux, les meufs, etc. C'est pour ça que ça a marché, tout le monde s'est identifié à lui, y compris les filles, qui se sont dit : « Je connais un mec comme ça. » C'est triste d'ailleurs qu'elles ne se soient pas identifiées aux personnages féminins de la série… J'ai vraiment hâte qu'il existe enfin des séries avec de beaux personnages féminins auxquels elles pourront s'identifier. J'attends même avec impatience le moment où une femme noire doublera la voix d'une femme blanche à l'écran. C'est ça, le futur.

***Qu'est-ce qui te rassure chez les jeunes ?***

La rapidité avec laquelle le monde évolue, je trouve que c'est bon signe. Un exemple : notre génération tolère la bisexualité. L'autre jour, j'entendais un jeune parler d'une expérience bisexuelle qu'il avait eue, pour la première fois de sa vie, et tout le monde autour l'écoutait sans railler ni tiquer. J'ai trouvé ça formidable, hyper bon signe.

3

# JEUNES **PLUGGÉS**, JEUNES **BRANCHÉS**

*Jeune, je te vois, rien ne te résiste*
*Alors que moi pendant ce temps*
*À seulement trente ans,*
*Mon bi-bop me manque*
*Et j'ai déjà le wifi triste.*

Les révolutions technologiques ont profondément modifié les façons de vivre et de communiquer, c'est un fait ; et, parfois, vous avez l'impression d'avoir été relégué sur le bas-côté de l'existence. Si vous ne comprenez pas pourquoi, en 2014, un smartphone est plus important que vos pieds, sachez que, chaque année, cinquante mille divorces pour cause d'embrouille conjugale sont évités grâce à l'application Plans ; si l'engouement des jeunes pour les nouvelles e-communautés vous laisse perplexe, nous vous montrerons qu'ils ont monté, grâce à elles, un système parallèle d'entraide et de développement personnel. Vous vous rendrez compte alors qu'en persistant à critiquer l'utilisation massive que font les jeunes de ces nouveaux moyens de communication [1] vous occuperez le siège privilégié du vieux con.

Les aspirants vieux que nous sommes doivent accepter d'entraîner notre esprit pour rester jeune et connecté. À trente ans, nous avons également connu, à notre modeste échelle, des révolutions, en particulier la révolution numérique. Nos enfants ne connaîtront pas le plaisir amer de lécher cinquante timbres en septembre pour écrire à leurs amis rencontrés pendant les vacances ; ils feront les yeux ronds devant les cassettes VHS, le minidisc, le bi-bop, le laserdisc, le Minitel et les jeux en 2D qui faisaient notre bonheur. De même, si les mots « Facebook », « smartphone », « youtubeurs stars » ne signifiaient rien quinze ans en arrière, ils font aujourd'hui partie de notre quotidien. Et ce qui est nouveau et fascinant aujourd'hui nous paraîtra un jour bien obsolète…

Vous devez donc profiter de votre expérience pour garder les yeux ouverts et intégrer l'information suivante : la révolution technologique est permanente. S'il n'y avait que des vieux cons qui peuplaient notre planète depuis la nuit des temps, nous dessinerions toujours en 2014 des trucs sans perspective, en urine, sur terre ou

1. Mis à leur disposition par des adultes, soit dit en passant.

à même les murs de notre grotte qui pue. Et nous mourrions à vingt ans sans jamais avoir vu *Star Wars*. Réjouissons-nous donc et reconnaissons que ces jeunes ne sont pas si flippants avec leur 4G greffée au cœur.

## A JEUNE, TÉLÉPHONE, MAISON : LE SMARTPHONE

### 1 - LES DIGIBORIGÈNES

Quel est le premier réflexe d'un jeune avant de se coucher ? Brancher son téléphone pour le recharger… Et au réveil ? Avant même de sortir du lit, il lit son flux. Il ne perd jamais de vue ses copains, il se souviendra à vie de leurs noms de famille. Les jeunes sont aujourd'hui connectés depuis la naissance, ils sont des *digital natives*.

#### Digital Natives[2]

*Les digital natives, ou digiborigènes[3], ou natifs numériques en français, désignent les personnes qui ont grandi dans un environnement numérique. Ils ont toujours connu ordinateurs, Internet, téléphones mobiles et baladeurs MP3. Les êtres humains nés avant 1995 sont des digital immigrants, des personnes qui n'ont pas connu tout ça et qui ont dû s'adapter et adopter ce mode de vie. Pour reconnaître un native, il suffit de lui donner un appareil photo jetable, de l'enfermer dans une pièce et d'observer ses réactions. Où est l'écran tactile ? Où est la fonction « partage » ? Est-ce que ce genre d'objet est synchronisé à mon cloud ?*

---

2. Rappel pour ceux qui ont sauté le chapitre 2 parce qu'ils jouaient (perdaient) à 2042.

3. Nom le plus cool.

Pour étudier ces nouveaux jeunes, nous sommes allées rôder aux abords d'un lycée, à l'heure de la liberté, pour observer nos successeurs dans leur environnement naturel. Rien n'a vraiment changé depuis des années : les modes, l'intendant à la calvitie précoce, le pion mignon, la prof de philo qui ressemble à une chouette... Tout est pareil, à un détail près : le SMARTPHONE. Pas un seul des élèves n'avait les mains libres ; même la petite Mathilde (Dark Ortie sur les réseaux sociaux) qui, à notre époque, se parlait à elle-même en mangeant ses cheveux, tapait frénétiquement sur son écran tactile de ses doigts rongés au vernis noir écaillé. Impossible donc de parler des jeunes sans parler de l'objet téléphone, cette entité, cet ami imaginaire, ce dieu. Plus le temps passe, plus le boîtier plat ultra-connecté entre tôt dans nos vies. En moyenne, c'est à onze ans [4] qu'un enfant reçoit son premier téléphone portable et, selon une étude TNS datée de 2010, 70 % des ados de plus de douze ans possèdent un téléphone. La moyenne monte jusqu'à 95 % d'entre eux passé quinze ans. Si leurs parents sont plutôt rassurés par l'idée de pouvoir traquer leurs rejetons où qu'ils soient, le ministère de la Santé a tout de même conseillé de ne pas utiliser un téléphone avant douze ans. Mais on ne sait pas toujours comment il prend ses décisions, ce ministère-là.

## 2 - LE TEXTO ROI

Pour un adolescent qui a du mal à parler avec ses parents, à s'exprimer, à débattre ou même à se confier – la faute aux hormones, au corps qui change, aux désirs sexuels inassouvis qui rendent aussi agressif qu'un lion végan... –, le téléphone portable est une merveilleuse opportunité de tisser des liens. Tout ce que nous taisions ou n'osions pas dire en face (ou que nous écrivions dans un journal Chipie, les pieds contre le mur de notre chambre d'ado), les jeunes se le disent aujourd'hui par texto. Les timides sont ainsi plus intégrés, ainsi que ceux qui ont un cheveu sur la langue ou la voix ensuquée par une mue difficile.

4. *Baromètre de l'économie numérique,* réalisé par Médiamétrie et l'université Paris-Dauphine.

Le vieux con, lui, voit planer sur les écrits frénétiques des jeunes sur un clavier la menace de l'isolement et la mort du tissu social. FAUX ! Les jeunes ne communiquent pas moins qu'avant, ils sont, au contraire, toujours en lien avec leurs amis et donnent des nouvelles à leurs proches... eux. Quant aux fervents défenseurs de la grammaire et de l'orthographe, scandalisés par l'utilisation massive du langage SMS qui dénaturerait la langue de Molière, nous leur soumettons cette étude édifiante : publiée en France en mars 2014 par le CNRS, elle démontre que le langage SMS, mélange d'analogies sonores, d'abréviations et de dactylones, ne nuit pas à l'orthographe traditionnelle. En dépit de ce que pense le vieux con, les jeunes ne sont donc pas de plus en plus bêtes et ignares, et leurs machines de l'enfer ne les précipiteront pas dans le gouffre.

## VIEUX CON = 0 / JEUNE KI ÉCRI TEXTO = 1

En effet, les chercheurs ont observé pendant un an des collégiens de 6e et de 5e qui ne possédaient pas de téléphone, puis ils les ont équipés et ont récolté 5 000 SMS. Les élèves forts en orthographe le sont restés, les nuls aussi..., mais le plus fou, c'est que les jeunes qui connaissaient le mieux la langue se sont le mieux appropriés les textismes. Les élèves moins forts et plus lents avaient, eux, du mal à intégrer cette nouvelle langue. La directrice du Cerca (Centre de recherches sur la cognition et l'apprentissage) encourage même l'utilisation des textos, qui sont une nouvelle occasion de pratiquer l'écrit en dehors de l'école, ce qui était auparavant restreint à quelques cartes postales.

## « SLT, CV G1 PBM GHT A MANG MÉ G OUBLIÉ MÉ SOU JSUIS TRO NRV. ETOUA TFK? TUV1 PAS ? JE CROIÉ Q TU DEVÈ VNIR[5] »

5. « Salut, ça va ? J'ai un problème, j'ai acheté à manger, mais j'ai oublié mes sous, je suis trop énervé. Et toi, tu fais quoi ? Tu ne viens pas ? Je croyais que tu devais venir. »

## C'est abusayyyyy

*Après avoir abattu quelques idées reçues qui vous feront peut-être regarder les jeunes avec un peu plus de bienveillance, nous pourrions nous en aller, le regard lointain et fier ; mais, par honnêteté intellectuelle, nous devons souligner les abus et les problèmes liés à l'utilisation excessive du portable. Par exemple, l'addiction ou, pire, la nomophobie, une maladie qui traduit une peur de ne pas avoir son portable près de soi et l'angoisse d'être injoignable. Elle provoque des crises de panique, des nausées, une accélération du rythme cardiaque..., ce qui n'est pas normal, on est tous d'accord. Selon une étude réalisée au Royaume-Uni en février 2012, 66 % des Britanniques en seraient atteints, et les jeunes de dix-huit à vingt-quatre ans les plus sérieusement touchés (77 %), habitués à être constamment sollicités et joignables. Quand elle devient phobique, la peur de la solitude et de l'ennui est donc grave. Du coup, Grand-Mère Feuillage insiste sur le rôle déterminant des adultes qui doivent aider les jeunes à ne pas être esclaves de leurs machines. Comme dit Francis Cabrel, qui, nous en sommes sûres, n'est pas un vieux con : tout est une question d'équilibre.*

# B LES RÉSEAUX SOCIAUX

## 1 - JEUNES / VIEUX : NOUS N'AVONS PAS LES MÊMES RÉSEAUX

Parler de réseaux sociaux en ne se concentrant que sur les réseaux les plus connus tels que Twitter ou Facebook, ce serait vraiment un truc de vieux cons. La plupart des mineurs considèrent ainsi Facebook comme « un réseau de darons », car, même si l'âge moyen des utilisateurs est de vingt-deux ans, il s'élève chaque année davantage. En devenant intergénérationnel, ces réseaux sont délaissés par les jeunes, et ils ont raison, car, franchement, avoir ses parents sur Facebook, c'est un peu comme laisser son oncle boire des Jäggerbomb à sa soirée d'anniversaire.

Alors, où vont les jeunes ? Dans son livre *It's Complicated : The Social Lives of Networked Teens* [6], Danah Boyd nous explique que « les jeunes sont obsédés par leur vie privée. Ils veulent avoir le contrôle de leur vie sociale à tous les niveaux. Leur préoccupation majeure est de pouvoir se construire librement, sans avoir leurs parents sur le dos. Alors ils apprennent à maîtriser les paramètres de confidentialité des services qu'ils utilisent, même s'ils sont compliqués. Ou alors, ils les détournent en se créant des faux profils avec des pseudos ». C'est la raison pour laquelle l'application Snapchat a cartonné auprès des quinze/vingt-cinq ans. Lancée en 2011, elle propose de partager des photos et des vidéos qu'on peut légender, avec la particularité que ces médias disparaissent quelques secondes après avoir été vus. Les jeunes maîtrisent ainsi leur image, choisissent le contenu privé qu'ils vont diffuser et en orchestrent la communication. De même, outre-Atlantique, l'explosion populaire de l'application Secret a poussé ses fondateurs [7] à en proposer une version européenne. L'idée est de partager une confidence avec ses contacts, de manière anonyme, pour se soulager, exprimer un sentiment ou une passion secrète. Si votre secret est « aimé », il est visible par de nouveaux contacts. Au bout de six « J'aime », il peut apparaître sur la page d'accueil de Secret et vous, vous devenez célèbre… bien planqué derrière votre anonymat. Grisant !

Internet, loin d'être un outil de diabolisation, doit plutôt être considéré comme un outil dont disposent les jeunes pour construire leur personnalité et la disséminer *via* des réseaux sociaux : un fragment sur Twitter, un autre sur Facebook, un peu sur Instagram ; ils peuvent tester discrètement des choses sur Secret, partager leurs frissons sur Snapchat et résumer tout ça sur Vine. Et, dans la vraie vie, ils peuvent compléter et mettre en pratique ce qu'ils ont commencé à bâtir de façon maîtrisée. La seule différence notoire entre les digiborigènes et nous, leurs ancêtres, c'est, selon Danah Boyd, qu'ils « se construisent une identité, avec bien plus de contraintes, et qu'ils recherchent une liberté qu'ils doivent conquérir face à plu-

6. Disponible en téléchargement gratuit.

7. David Byttow et Chrys Bader (ex-employés de Google et Square).

sieurs représentants de l'autorité, à la différence des adultes qui l'ont déjà obtenue. Ils utilisent pour ça d'une manière très inventive les outils numériques à leur disposition. Les adultes qui doivent subir des contraintes dans leur vie de tous les jours le font de la même manière ».

Vous avez compris ? Vous êtes un peu jaloux ? Très bien, ça veut dire que vous êtes en train de redevenir jeune. Poursuivons.

## 2 - CACHEZ CETTE SEXTAPE QUE JE NE SAURAIS VOIR

*« Les réseaux sociaux, c'est l'endroit où les jeunes peuvent se retrouver avec leurs amis. Il faut prendre ça comme un espace public dans lequel ils traînent. »*

Danah Boyd, chercheuse chez Microsoft Research.

Née avec la téléréalité, habituée à observer H24 des jeunes gens qui se déchirent, baisent, boivent, rient en l'espace de 40 minutes, la nouvelle génération a une conception de la pudeur et de la vie privée désormais bien différente de la nôtre. En témoignent les échanges publics de messages et de commentaires sur les réseaux sociaux.

***Drame sentimental ordinaire sur Facebook :***

**Jour 1**

@Sonia_96 dit : Posée avec mon babe chéri, on regarde le foot tranquille, après un repas en amoureux, franchement je suis au paradis. Je t'aime tellement mon babe @Kv1n, trois mois aujourd'hui hihihi !
9 commentaires. 12 Likes.

**Jour 5**

@Sonia_96 : Hey toi la connasse qui tourne autour de mon babe. Je te jure, arrête de raconter de la merde dans mon dos sinon ça va saigner. T'es une meuf sale ça l'intéresse pas @Kv1n les vieilles comme toi.
32 commentaires. 57 Likes.

## Jour 10

@Sonia_96 : J'en ai vraiment ras le cul des connards qui jouent avec mon cœur tout ça pour avoir mon cul. Allez bien niquer tous les deux, vous servez à rien et toi la pute qui prend mes restes, je te le laisse, il en a une minuscule. 154 commentaires. 👍 80 Likes. 2 partages.

Frisson de la honte ? Gêne ? Comment peut-on raconter ce genre de choses sur Facebook alors qu'on a trois cents amis qui vont lire ça ? Nous n'avons pas réussi à résoudre le mystère. Ce serait comme traduire du japonais ou comprendre les règles du jeu Pyramide. En revanche, nous pouvons observer et analyser les différents mécanismes comportementaux généralisés depuis l'acceptation du média social comme moyen de communiquer. Les moyens d'expression ne sont pas moins nobles qu'une chanson de Jim Morrison au bout du scotch, ils se sont juste déplacés, de la radio au journal intime, jusqu'au statut en ligne. Nouvelles réalités ? Besoin d'affirmation et de reconnaissance ? Réelles souffrances exprimées sur la toile ? Autant de codes que vous aviez du mal à intégrer, jusqu'à ce que vous ayez compris ce qui motive les jeunes :

→ *La réalité virtuelle, ou « Vas-y, je t'attends dehors et on s'explique. »* Se fâcher à l'écrit, c'est tout de même bien plus commode que *de visu*. En effet, confortablement cachés derrière un écran, certains se voient pousser des ailes. La plupart du temps, ils deviennent des trolls, des commentateurs compulsifs qui ont pour grand plaisir d'insulter/critiquer et de rendre fous les auteurs d'articles, de blogs ou de vidéos. La distance que l'écran et le clavier instaurent entre les gens les aide aussi à se lâcher : ils ne réalisent plus que leurs propos jetés à chaud vont être lus par des gens calmes et non impliqués.

→ *La punk attitude, ou comment placarder des insultes sur la façade de son ex* : cette piste l'une de nos préférées. Avant, nous posions des graffitis sur les murs de la ville, nous organisions des attentats à la boule puante pour dire non. Maintenant, il y a les réseaux sociaux. Le statut « coup de gueule » est de loin le plus plébiscité par les jeunes, après l'« attention whore », bien sûr (cf. p. 130). Pour mieux accepter les statuts dits « gênants », transposons-nous : qu'aurions-nous fait, à dix-sept ans, si notre ex nous avait trompées et que nous avions eu un compte Facebook ? Soyons donc heureux et réalisons notre chance de ne pas avoir eu cet engin de malheur entre les mains.

➝ *Le besoin de reconnaissance, le nouveau « You are beautiful » de Christina Aguilera*. Le like est aux réseaux sociaux ce que les bons points sont à l'école. Poster une idée, une photo ou une vidéo et recevoir un pouce levé est une gratification importante. Les jeunes qui se montrent dans tous leurs états ( beaux en photo, émo au bout du rouleaux le dimanche, spirituels à deux heures du mat etc.) attendent un encouragement.

➝ *L'appel à l'aide*. Cette dernière piste est un peu mélodramatique, mais – en toute modestie – pas inintéressante. Pourquoi sommes-nous gênés par les statuts de @sonia_96 ? Parce qu'ils sont sans pudeur. Et depuis quand l'impudeur est-elle un défaut ? Sonia est amoureuse : elle veut que la terre entière le sache. Sonia est malheureuse : idem. Si, comme nous, vous avez baigné dans une culture judéo-chrétienne, vous avez appris qu'il fallait souffrir dans l'humilité, loin des autres, comme des oiseaux qui se cachent pour mourir. Aujourd'hui, les jeunes rompent les codes et ne veulent plus se cacher (cf. Loana). Peut-on les en blâmer ? Comme dirait un vieux médecin : « Vaut mieux que ça soit dehors que dedans. » Les appels à l'aide en ligne montrent que les enfants du nouveau siècle se détachent de cette culture du secret. S'ils ne vont pas bien, ils expriment leur chagrin, mettent des mots sur leurs maux, avec peut-être l'espoir que quelqu'un vienne leur faire un câlin ; car rappelons qu'un adolescent est une boule d'émotions, bien souvent à fleur de peau : un grain de sable peut se transformer en ouragan Xtina et provoquer des dégâts catastrophiques. Et puis si Valérie Trierweiler a le droit de publier un livre à 200 000 exemplaires pour parler de sa tristesse, de son intimité, de ses ébats avec son ex, le Président François

Hollande ENCORE au pouvoir... pourquoi @Sonia_96 ne pourrait pas se plaindre de @Kv1n à son cercle de confidents ? Hein ? Pourquoi ?

## C GÉRER LA MÉFIANCE DES DIGITAL IMMIGRANTS PAR L'EXEMPLE

Le principal symptôme (et handicap) du vieux con est la peur. Mais, au lieu d'avoir peur, comme tous les êtres humains, des zombies, de Desigual, des requins, du vide, des araignées, d'une Adriana Karembeu mangeant Christian et révélant ainsi sa nature extraterrestre, ou du JT de 13 heures, le vieux con a développé une phobie particulière : la peur du FUTUR. La peur étant une angoisse sérieuse, nous ne nous moquerons point ici des frousses qui grandissent avec le temps, puisqu'elles sont légitimes, handicapantes et surtout ancestrales. Craindre, appréhender et apprivoiser ce que nous ne connaissons pas a permis à l'espèce humaine de survivre en milieu hostile, de dompter l'environnement et de finir par le dominer.

Grand rire sardonique n° 1.

Ce qui nous embête ici, c'est que la peur va souvent de pair avec un drapage dans nos certitudes, à la manière du vieux con qui feule à la vue de la nouveauté, avec une répulsion toute particulière pour les innovation technologiques – qui sont toutes débiles et moches et ne tiendront pas l'hiver. Comme vous ne souhaitez pas devenir ce vieux croulant largué, il s'agit donc pour vous de gérer votre virage numérique au plus vite, d'autant plus si vous êtes déjà sujet à :

- **critiquer trop vite une nouveauté...**

... à la manière de Pascal Nègre, président d'Universal. Ce dernier aurait mieux fait de tourner sa langue dans sa bouche avant de déclarer en 2001, lorsque les débats sur le téléchargement et l'avenir de la musique pointaient leurs nez : « Internet, on s'en fout !

Ça ne marchera jamais [8]. » L'ironie de l'histoire, c'est qu'avec Internet, justement, rien ne disparaît et ses propos resteront gravés sur la toile pour des millénaires (rire sardonique n° 2) ;

- **ne jamais faire vos mises à jour...**

... « parce que ça vous déglingue tout » et finir aux prises avec un conseiller Free, que vous qualifierez d'incompétent. Pour notre part, nous (qui avons fait nos mises à jour depuis deux ans) le qualifierons de « très patient », vu que c'est la dixième fois qu'il vous explique la marche à suivre pour installer le nouveau plugin permettant de regarder le replay de *Plus belle la vie* sur votre smartphone ;

- **être méfiant quant aux replays...**

... de *Plus belle la vie*, arguant que « ce ne sont peut-être pas les mêmes qu'à la télé » et que « ce n'est pas la même qualité » ;

- **faire de très grands slides d'index et de poignet pour déverrouiller votre smartphone...**

... bien qu'on vous ait expliqué cinquante fois que c'est l'intensité du toucher et non pas la gestuelle qui débloque votre écran ;

- **ne pas savoir vous mettre sur le réseau wifi disponible...**

... et préférer la 3G, décomptée de votre forfait ;

- **réagir comme si vous aviez vu une chauve-souris...**

... lorsqu'on vous parle de *The Last of Us* ou d'*Hearthstone*, sous prétexte que vous n'y comprenez rien aux « jeux ».

---

8. L'extrait audio est disponible en écoute ici : https://archive.org/details/ACIMRNBM-2013CrowdfundingMichelDeSouzaTelechargementNegreArroganceCCByNcSa2.0

En somme, si vous avez tendance à bloquer sur chacune des facilités que vous offre la technologie, attention, il y a urgence ! Il est peut-être temps de faire une cure de jouvence en procédant de la manière suivante :

**→ faites vos mises a jour ;**

**→ intéressez-vous aux conférences TED [9]…**

… c'est très classe d'apprendre des choses grâce à cet organisme fondé en 1984 par Richard Saul Wurman, dont le leitmotiv est de « diffuser des idées qui valent la peine d'être diffusées ». TED invite des tas de gens passionnants à donner des conférences sur un tas de sujets passionnants : vous allez forcément en trouver pour votre compte, juré ;

**→ arrêtez de regarder *Plus belle la vie*…**

… ou additionnez ce hobby avec d'autres séries, pas forcément des séries de jeunes, juste autre chose qu'un faux Panier aux prises avec des morts qui ressuscitent et des enfants adoptés qui volent de l'argent à leur faux père qui est en fait l'homme qui a vu l'ours ;

**→ sachez de quoi vous parlez…**

… vous avez le droit de ne pas aimer *Hearthstone*, mais il faut savoir ce que c'est. Regardez une démo, regardez quelqu'un jouer ; après cela, si vous n'aimez pas, vous aurez de vrais arguments pour le dire ;

**→ slidez doucement votre téléphone…**

… et ne faites pas la même tête que Bernard Pivot quand vous regardez votre écran. C'est ridicule ;

---

9. Technology, Entertainment and Design.

**→ ne dites jamais : « Cela ne marchera jamais [10] »…**

… car l'un des remèdes miracles pour rester jeune est de croire en l'incroyable.

Les initiatives qui suivent sont la preuve qu'il faut croire en ses idées, même quand elles sont chelous.

### THE MILLION DOLLAR HOMEPAGE

Une page Internet comporte un million de pixels. Alex Tew a eu la bonne idée de vendre chaque pixel de sa page pour un euro. Les pixels se sont vendus comme des petits pains par des annonceurs, et le monsieur est devenu… millionnaire.

### DOGGLE

Les chiens voient la vie en noir et blanc, ils n'ont pas besoin de lunettes… Et, pourtant, ce site a enregistré suffisamment de ventes pour devenir plusieurs fois millionnaire.

### SANTA MAIL

Un homme s'est fourni une adresse postale en Alaska et a proposé d'envoyer des lettres aux enfants depuis l'Alaska, comme si le père Noël leur écrivait lui-même. Plus de 350 000 parents ont payé pour ce service ! Jackpot.

Vous avez trouvé ces exemples chelous, mais ils vous ont fait sourire ? Bravo, vous n'êtes pas un vieux con. Vous avez pffé en disant : « N'importe quoi » ? Ah… Mauvais signe, les gars…

---

10. Ou: « Fontaine, je ne boirai pas de ton eau. »

## Pour aller plus loin

*Si vous pensez que « tout ce qui est nouveau est mauvais », vous devriez peut-être regarder le film d'animation* Les Croods*. C'est l'histoire d'une famille préhistorique qui va peut-être transformer votre tsunami d'angoisses en mousson créative. En effet, les Croods sont mal barrés pour raccrocher le wagon de la modernité : Monsieur Croods père étant persuadé qu'il « ne faut jamais pas avoir peur », la famille entière est terrée dans une grotte, en attendant que... que... en attendant. Sauf qu'un jour, la fille Croods – comme quoi, la régénérescence vient toujours des jeunes – décide que c'en est trop, traîne son clan hors de ses limites et offre à toute la tribu des sensations fortes, la fin d'un monde et le début d'un nouveau et, surtout, la satisfaction d'avoir maîtrisé sa peur pour savourer tout le reste des choses qui, en fait, ne sont pas si dangereuses. Si on était* Télérama*, on mettrait 5 clés au dessin animé, mais comme on ne l'est pas, on peut juste vous le conseiller chaudement comme une pluie d'été.*

## BILAN

*Les jeunes sont donc simplement des êtres humains encore un peu verts, avec toute l'acidité et les promesses de beauté qui incombent aux fruits sur le point d'éclore. Vous avez été ces personnes, vous en verrez d'autres le devenir à votre tour ; quoi qu'il en soit, n'oubliez jamais de prendre un peu de recul par rapport à vos certitudes. Quelque chose vous fait peur ? La base de mise à jour Avast de votre PC vous tape sur le système, mais vous êtes encore plus fâché de ne pas savoir lui enlever le son ? Ce n'est pas grave. Vous trouvez une photo de vous sur Google Image et vous ne trouvez pas la page « contact » d'Internet pour que quelqu'un, quelque part dans la Silicon Valley, supprime ce cliché ? Franchement, tout le monde s'en fout. Dans ces moments de perdition numérique, pensez plutôt aux vrais vieux, ceux qui payaient leur abonnement de téléphone fixe et pour qui Internet est un concept loiiiiiintain, comme le Boson de Higgs l'est pour nous. Tiens, personnifiez cette idée et pensez à Huguette Bonton, une bonne grand-mère de quatre-vingts ans et presque toutes ses dents (du moins ses molaires). Imaginez tout ce qu'elle a vécu : elle est née en 1934, entre les deux guerres mondiales. Les voitures existaient déjà, mais elles devinrent un bien de consommation courant lorsqu'elle eut dix ans. Huguette a assisté à l'apparition de la première télévision, la chaîne unique, puis les autres chaînes, en couleurs. Elle a été témoin des premiers vols commerciaux d'avions, du boum de l'électroménager, de l'amour libre, de l'invention de la capote ; elle a assisté à la démocratisation des antibiotiques, à la naissance du TGV, à l'apparition du sida, du téléphone portable, des échographies, de Nabila... Franchement, cela fait beaucoup d'informations pour une toute petite madame. Aujourd'hui, Huguette suit une formation pour surfer sur le web dans sa maison de retraite. ÇA, c'est impressionnant. À présent, songez qu'à son âge nous pourrons demander les seins de Laetitia Casta et qu'aux premiers signes d'Alzheimer on nous injectera sûrement un petit sérum pour réparer les pertes de mémoire. Alors ? Ça va mieux ?*

## LE POINT DE VUE DE

# NORMAN THAVAUD

***27 ans, superstar des interwebs, s'est fait connaître en broadcastant des vidéos sur Internet où il parle, depuis sa chambre, de gens musclés ou de chats. Pionnier du genre. Fait aussi du cinéma.***

*Signes distinctifs :* blond cendré, finit la plupart de ses phrases par « c'est énorme ». Le marketing lorgne vers lui car il a vraiment beaucoup d'abonné(e)s sur les réseaux sociaux.

***Tu as vingt-sept ans. C'est jeune pour certains, cela se rapproche des darons de trente ans pour d'autres… Mais toi, tu te sens encore jeune ou plus tant que ça ?***

Je ne me suis jamais senti aussi bien dans mon corps et dans ma tête, j'ai le sentiment de faire à la fois partie des jeunes et à la fois d'avoir un peu de maturité et d'expérience pour entreprendre des choses que je n'aurais jamais osé « trop » jeune. Quand on est trop jeune, on n'a aucune force de frappe, on n'a souvent pas d'argent, on n'est malheureusement pas pris au sérieux ou trop timide. À vingt-sept ans, on se libère. Vingt-sept ans, c'est l'âge de la mort de mes idoles Jim Morrison, Kurt Cobain ; eux, à vingt-sept ans, ils étaient au top.

***C'est quoi, pour toi, un vieux con ?***

Pour moi, le vieux con est celui qui commence à se plaindre d'être vieux à partir de vingt ans… J'en connais beaucoup. Merde, tu vas donc te plaindre pendant encore cinquante ans ?

***Qu'est-ce qui, dans la vie, t'a donné la sensation de grandir et d'avoir de l'expérience ?***

Quand j'ai donné un cours à des jeunes pour l'école d'audiovisuel de mon papa (la Flec, à Montreuil). Moi ? Donner un cours ? What the fuck ? Mais ils m'écoutaient attentivement et j'ai aimé transmettre mes modestes connaissances.

***La magie et l'aspect un peu vicieux du web, c'est qu'on a les retours de son travail en live grâce aux commentaires. Qu'est-ce que cela fait d'être autant exposé à la critique ?***

Internet est un média cruel, parce qu'il dit la vérité : quand tu n'es pas bon, tu es insulté, quand tu n'intéresses pas les gens, tu ne « buzzes » pas, donc quand je me tue à faire une vidéo avec mes tripes et qu'elle ne plaît pas trop, je me dis : « O.K., je n'ai pas été bon, point final », il n'y a pas d'excuses. Contrairement à la télé où tu peux être ultra mauvais, faire une audience catastrophique qui fait perdre de l'argent à la chaîne, être détesté par le peuple et être reconduit plusieurs années d'affilée (ce qui est le cas encore aujourd'hui).

***Tous les mois, des « podcasteurs » débarquent sur le web et s'essaient à la « façon Norman ». Réalises-tu ton statut de « symbole générationnel » ? Réalises-tu que tu t'inscris dans l'histoire du web ?***

Je n'y avais même jamais pensé, je ne m'attendais pas à faire le buzz. Je fais mes vidéos avec naïveté et modestie, c'est ce qui fait la différence avec tous ceux qui essaient de buzzer à tout prix. Les internautes sentent les suceurs de buzz et ils n'aiment pas ça. J'encourage la créativité des jeunes qui se lancent, j'encourage la nouveauté et la sincérité artistique, je n'ai pas de conseils à donner, à part être soi-même.

***As-tu repéré un jeune talent sur lequel tu as envie de miser ?***

Au Paname Art Café (Paris 11e) où je travaille tous les soirs mon spectacle, il y a un nombre incroyable de jeunes de quinze à dix-huit ans qui sont déjà des tueurs, notamment au Labo du rire, une scène ouverte à tous. Ce sont des gens que je fréquente régulièrement et qui, j'en suis certain, iront super loin.

***Est-ce qu'il y a des choses qui te font te dire : « Je suis vieux », en étant amer ?***

Je n'aime pas trop les jeux de « gamins », type batailles d'eau, se bagarrer pour rigoler, se mettre des papiers dans le dos, etc. Mais déjà, à dix ans, je n'aimais pas ; à ce niveau-là, j'ai toujours été vieux, alors !

***Il vaut mieux être un vieux con ou un vieux beau ?***

Tant que tu n'es pas un beau con…

***As-tu un mot à dire à tous les vieux cons qui souffrent de ne plus être jeunes ?***

Nous avons la chance inouïe d'être vivants et en bonne santé. La vie est hyper fragile, nous avons tous autour de nous des proches atteints du cancer et autres saloperies, alors profitons chaque seconde de notre chance, parce qu'il vaut mieux être un vieux vivant qu'un vieux mort.

4

# MÊME JOUEUR JOUE ENCORE

*« Le jeu, c'est tout ce qu'on fait sans y être obligé. »*
*Mark Twain*

Si nous avons décidé de consacrer un chapitre entier aux divertissements, c'est que, dans notre quête d'informations sur le vieux con, nous avons réalisé qu'un des facteurs du glissement vers l'état d'aigreur est de ne plus s'amuser. Pourtant, selon la définition du *Larousse*, le jeu est une « activité d'ordre physique ou mentale, non imposée, ne visant à aucune fin utilitaire et à laquelle on s'adonne pour se divertir et en tirer un plaisir ». Oh, mais attendez… c'est bien ce que nous pensions : aucune-référence-n'est-faite-à-l'âge ! Aucune date limite pour se défouler, de quelque manière que ce soit ! Alors pourquoi le vieux con a-t-il l'air d'avoir banni toutes formes de joie dans sa vie (sauf si on considère que râler libère des endorphines, mais cette idée est réfutée par le corps médical et la santé bucco-dentaire) ? Pourquoi, en vieillissant, ne jouons-nous plus aussi facilement qu'avant ? Quelles normes sociales privatives nous empêchent de nous amuser avec des inconnus, à moins d'être saouls ou étudiants en période de Spring Break ?

Alors, certes, la notion de « divertissement » est un enchevêtrement complexe de facteurs contextuels, générationnels, logistiques et saisonniers ; certes, le rapport que nous entretenons avec les loisirs n'est pas aussi évident que dans nos jeunes années, où jouer avec un bout de bois au bord d'une bonne vieille rivière suffisait à nous transporter au pays merveilleux de l'imaginaire ; le jeu était omniprésent dans nos vies, nous nous amusions jusqu'à épuisement, avec des petits copains qui parlaient l'esperanto de la pelle et du seau. Certes, nous avons dû adapter nos jeux à notre condition d'adultes responsables, nous divertissant dans le but de stimuler nos méninges, prouvant notre culture générale, excitant à l'occasion nos zygomatiques… autour de boissons rafraîchissantes (rafraîchissantes, cela veut dire licence IV). Mais, avouons-le, la dernière fois que nous avons sué de plaisir en jouant avec des amis hors cadre érotique… c'était il y a bien trop longtemps. Aujourd'hui, quand le jeune adulte veut se détendre, son loisir principal consiste à rejoindre ses amis en terrasse de café pour parler… de ses soucis, généralement ! Avons-nous oublié qu'une bonne partie de Uno éloigne la peste, le choléra et les pervers narcissiques ? Pourquoi perdons-nous notre âme d'enfant, ce savant mélange de naïveté, de curiosité, d'amour gratuit et sans borne ? Avons-nous peur d'être catalogué dans la case vexante des adulescents [1] ? Il est certain qu'un adulte ne peut plus que difficilement faire le poirier en jupe contre un mur, que nous n'avons encore jamais vu de tournoi de billes organisé à la pause dèj' du conseil des ministres (comme ce serait beau !) et que, pour jouer à chat, il faut avoir de bons ménisques ; et puis La Bonne Paye est introuvable, sauf sur ravensburger.com, le tarot c'est compliqué et ça sent la grand-mère, et le Texas Hold'em coûte cher. Mais il reste toutefois un secteur jeu particulièrement intéressant auquel peuvent jouer les adultes et dont raffolent littéralement les jeunes : le jeu vidéo. Pourquoi avons-nous pris le parti de nous y attarder – comme deux dictatrices ? Parce qu'il connaît un destin hors du commun, qu'il permet de réunir des générations de joueurs en se moquant de l'âge, de la corpulence, de l'aspect physique et du sexe [2], et qu'il fait peur aux vieux cons ; et ça, cela nous envoie des stimuli dans le mimi pour casser les clichés et convaincre le Volk [3] que jouer, c'est vraiment archi soin [4].

1. Un adulescent est un adulte qui met des hoodies, mange des pizzas et refuse de grandir, parce que grandir, c'est un truc de grands…
2. Même s'il y a encore beaucoup d'efforts à faire sur le sexisme dans les jeux vidéo.
3. Le « peuple », les gars ! Vous n'aviez pas allemand LV2 ou quoi ?
4. Équivalent de 1989 : archi chouette.

# VOUS AIMEZ LES JEUX ?

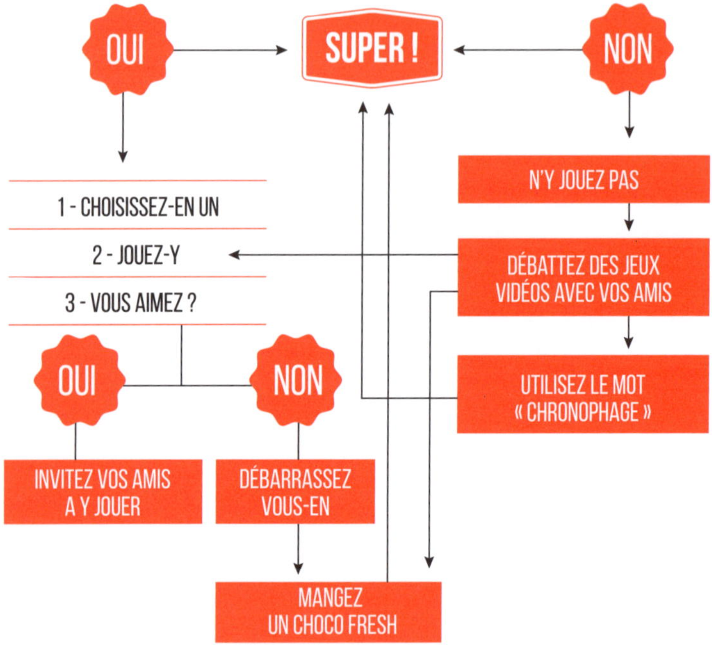


## A LE JEU VIDÉO, C'EST CHOUETTE !

### 1 - UNE AFFAIRE DE FAMILLE

Un jour, sur Terre, un homme a inventé quelque chose, qui a aidé quelqu'un d'autre à créer un truc, qui a permis à un mec très intelligent d'inventer une forme de jeu tellement cool qu'elle a révolutionné les loisirs pour toujours : les jeux vidéo [2] ! Si cette histoire a eu

2. Voir *L'âge d'or… Histoire des consoles de jeux de salon,* de Philippe Roose, Cépaduès, 2011.

lieu il y a de nombreuses années [3], situons-la entre la mort du dernier vélociraptore et la rencontre fatidique entre Jean Paul Gaultier et Madonna [4]. Le vieux con était déjà sur terre et a bien sûr détesté cette arrivée massive de loisirs d'écran, car il passait de l'état de mec cool, qui joue à la crapette au Rotary le dimanche, à celui de vieux schnock, qui joue à la crapette au Rotary le dimanche. Rappelons aux plus jeunes qui sont dans la salle que les jeux vidéo sont nés avec leurs parents : être un gamer n'est donc pas une question d'âge. Pourtant, l'aspect familial et transgénérationnel du jeu vidéo n'a pas été évident dès le départ, la faute à son grand frère tout-puissant, le jeu de société, à son apogée dans les années 1990 et chasse gardée de la famille. Rappelez-vous ces merveilleuses publicités montrant un père et une mère en pull, souriant à leurs enfants, tous assis sur le tapis du salon devant un Monopoly ou un Boggle (tout le monde le sait, c'est très convivial, un tapis)... Quand, soudain, tentative de putsch sur plateau de jeu en 1983 : Nintendo lance sa Famicom (Family Computer), à laquelle les parents n'ont malheureusement pas beaucoup joué, faute de véritable positionnement « famille » convaincante des publicités de l'époque. Et il aura fallu attendre la septième génération de consoles pour élargir le public de gamers ! C'est lors de l'apparition de la Wii que la façon de jouer s'est trouvée révolutionnée. Fini la dictature du gameplay « croix rond rond ´ 2 », le système de manette qui détecte la position, l'orientation et les mouvements des joueurs a permis de recruter de nombreux gamers, et, aujourd'hui même, la reine d'Angleterre, quatre-vingt-huit ans, est férue de sa Wii [5]. Des sources proches de la Couronne nous ont même indiqué qu'elle l'avait customisée.

3. Mais la notion de temps, on a pu s'en apercevoir dans ce livre, est une notion plutôt vague. Par exemple, les quatre premières saisons de *Game of Thrones* passent plus vite qu'une heure de queue pour mettre à jour sa carte d'identité à la mairie du 20e arrondissement de Paris. Le tout sans dragon : c'est dire si perdre ses papiers peut vous faire pousser quelques cheveux blancs.

4. *Come On ! Vogue*.

5. Article du *Mirror, Sunday People*, « Make away for the Q Wii N », 6 janvier 2008.

## 2 - LE PASSE-TEMPS FAVORI DES JEUNES

Avant, jouer, c'était mal vu, et il fallait s'arrêter pour venir à table, mais grâce à Dieu et à la nouvelle génération de parents, les jeunes ont le droit de finir leur niveau sans se faire hurler dans les oreilles : « ON MANGE, T'AS PAS ENTENDU ? » Jouer est devenu une activité à part entière, un peu comme faire ses devoirs ou pratiquer le tennis. Cela commence dès le plus jeune âge, avec la DS de Nintendo, que les parents fourguent dans leur sac lorsqu'ils veulent la paix ou quand ils sont invités chez des amis – cela permet aux gosses de ne pas être obligés de trop manger par ennui. Du coup, les petits deviennent hyper agiles et grandissent avec des notions de jeux qui les aident à devenir extrêmement populaires… et plus intelligents. Car les fabricants de jeux vidéo ont compris que le principal obstacle à la pratique du jeu vidéo était les parents. Ils ont donc passé avec eux un pacte des loups version éducative et ont multiplié les jeux pédagogiques qui obligent les enfants et les adolescents à compter, à faire des stratégies, à bluffer leurs partenaires, etc. ; bref, tout un tas de verbes qui rassurent les parents, parce qu'ils entendent derrière cela que leur petit génie développe en jouant ses capacités mentales et fera plus tard de vraies et ruinantes études d'ingénieur… tout en se socialisant ! Car les gamers ne sont plus des êtres reclus, condamnés à écrire des formules mathématiques dans leurs têtes : ils jouent en réseau, se rassemblent pour se flinguer à GTA, se défier dans *Minecraft*, comparer leur intelligence dans *Hearthstone* et s'aiguiser les jeunes neurones dans *Skylanders*. Eh ouais, les gars, jouer-est-devenu-une-passion. Les jeunes en parlent des heures, ils rigolent, ils se vannent, ils ont des références communes, comme des vieux cons qui se reconnaissent de loin grâce à une citation de Michel Sardou ou un tee-shirt à message un peu vulgaire.

# Ⓑ ARBRE GÉNÉALOGIQUE DU JEU VIDÉO

## 1 - 1962-2000 : LA DÉCOUVERTE DU NOUVEAU MONDE

Comme dans toute bonne découverte, il y a des petites histoires périphériques croustillantes qui rendent l'invention du jeu vidéo plus légendaire. Ainsi, sachez qu'au début des années 1950 un gars appelé Ralph Baer propose à son employeur, constructeur de postes de télévision, d'inclure dans son écran un procédé qui permettrait à son utilisateur de regarder les infos ET de jouer. Le boss de Ralph le regarde de haut, rit très fort et lui propose d'aller se faire voir chez les Grecs. Si 1950 avait été notre contemporain, on aurait appelé ça un GROS FAIL.

Vingt ans plus tard, c'est le jeu de simulation de tennis de table (wouw, grosse éclate), *Pong*, en 1972, qui connaîtra un succès mondial et sera considéré comme LE premier jeu vidéo du monde (même si, communément, l'année 1962 est en réalité l'année du « vrai » premier jeu vidéo, *Spacewar*). Si vous êtes féru de GROS FAILS, sachez que *Pong* avait été élaboré par Willy Higinbotham, comme ça, pour le plaisir, tellement pour le plaisir qu'il n'a pas jugé utile de le déposer.

Voici en quelques dates clés l'histoire des jeux vidéo, qui vous permettront peut-être de gagner un camembert vert au *Trivial Pursuit*, et, comme on dit, si vous n'avez jamais rempli de camembert passé trente ans, bah, c'est chaud :

**1962 :** *Spacewar*, début de l'histoire des jeux vidéo.

**1972 :** *Pong*, date du démarrage de l'industrie vidéoludique.

**1977 :** console Atari 2600, premier best-seller de l'histoire du jeu vidéo.

**1978 :** entrée du Japon dans l'industrie avec *Space Invaders* (Taito). Début de l'âge d'or des arcades.

**1980 :** Pacman, premier héros des jeux vidéo et premier titre à devenir une franchise.

**1983 :** début de l'âge d'or Nintendo avec la console Famicom (ou NES). Crash de l'industrie vidéoludique aux États-Unis et migration vers le Japon.

**1985 :** la NES envahit les États-Unis. Super Mario Bros relance la machine « jeux vidéo » aux États-Unis.

**1989 :** apparition de la Gameboy, frappez trois coups si vous aussi vous avez soufflé dans une cassette buggée.

**1988 :** Sega sort l'artillerie lourde avec la MegaDrive.

**1991 :** Nintendo sort la Super Nintendo.

**1992 :** Wolfenstein 3D met une baffe aux joueurs, le First Person Shooter (FPS) est né.

**1995 :** Sony veut sa part du gâteau et sort la PlayStation avec des jeux sur CD-rom.

**1996 :** *Tomb Raider* brûle des milliers de rétines de puceaux.

**1997 :** Fifa 98 ouvre le marché aux succès des jeux de sport.

**1999 :** *Counter-Strike* signe la révolution du FPS. Début du progaming avec des tournois à échelle internationale.

**2000 :** La PS2 est la console la plus vendue. Sortie des *Sims*.

## 2 - LA NAISSANCE DU VIEUX CON DANS LE JEU VIDÉO

Faisons une pause en l'an 2000, déjà pour faire plaisir à Paco Rabanne qui aime bien cette année, mais surtout pour noter que c'est à cette période que les vieux cons ont commencé à infiltrer la zone « jeux vidéo » : se tournant vers le passé et critiquant la nouvelle vague de jeux, ils ont lancé le phénomène du retrogaming (ou « rétrovidéoludisme » en français), qui consiste à jouer et à collectionner exclusivement les jeux des quatre premières générations de consoles – du temps où nous soufflions dans les cartouches, où nous nous encanaillions dans les salles de bornes d'arcades et où nous nous bousillions très clairement la rétine sur des animations en 2D. La plupart des rétrogameurs refusent de parler de nostalgie pour expliquer ce retour aux bons vieux jeux du passé ; ils préfèrent dénoncer la pauvreté du *gameplay* (ou « jouabilité du jeu » : ennuyeux, difficile, ludique, etc.) quand tous les jeux sont passés en 3D.

Les arguments qu'avancent les réactionnaires du jeu vidéo sont les suivants :

- Avant, c'était plus simple (équivalent : préférer le minigolf au vrai golf).
- Avant, c'était plus intuitif (équivalent : préférer un atlas à un GPS).
- Avant, c'était plus libre et audacieux (c'est vrai que Mario Bros, en termes de suspens, c'est ouf, surtout le monde sous la mer).
- Avant, il y avait l'attrait des Hiscore (ou High Score, ou concours de bites).
- Avant, cela ne donnait pas mal au cœur (quelqu'un pour critiquer l'invention du *Space Mountain* ?).
- Avant, c'était ludique (ah oui, c'est vrai que bon nombre de gens s'endorment en jouant à GTA).
- Avant, on mangeait des Raiders en jouant (seul argument valable pour nous).

Alors pourquoi les rétrogameurs sont-ils estampillés vieux cons ? N'ont-ils pas le droit de préférer le passé sans être taxés de réac ? Ne pouvons-nous pas crier « C'était mieux avant » sans pour autant être papy Mougeot ? Eh bien la réponse est simple : tout dépend de la curiosité que nous entretenons pour le présent. Si « aimer le passé » ne signifie pas « abhorrer le présent » et « pré-haïr le futur », alors c'est acceptable. Si le retrogaming est envisagé comme une belle DeLorean (coucou la happy-nostalgie) vers nos jeunes années et non pas comme un coup de frein à main sur l'évolution naturelle des technologies et des mentalités, alors pourquoi pas ! Mais faire l'autruche et préférer cette époque passée sous prétexte que vous étiez moins dégarni, plus séduisant et plus cool, pardon, mais cela dénote une tendance à la FRUSTRATION. Alors ne stigmatisez pas la qualité d'un art en fonction de son époque. Car affirmer par exemple : « Le cinéma, c'était mieux dans les années 1990 », c'est assumer avoir de la nostalgie pour *The Truman Show* et *La ligne verte* (okay), mais aussi pour *Spice World, le film* et *La soif de l'or* (sérieusement ?).

## 3 - 2001-2014 : LA DÉCENNIE DES LUMIÈRES ET DE L'INDÉPENDANCE

De la fougue, du réalisme, des défouloirs sociétaux, c'est ça, l'esprit du jeu vidéo d'aujourd'hui ! Ce que recherchent les amateurs de jeux vidéo contemporains, c'est un moyen de kiffer, en sachant bien qu'ils ne pourront pas reproduire demain au bureau ou à la fac ce qu'ils se permettent dans GTA. Fini le temps des jeux trop compliqués, qui rendaient la peau des geeks transparente – comme celle de Natascha Kampusch – à force de squatter leur cave aménagée, aujourd'hui on joue en réseau, on se parle pendant qu'on s'affronte en ligne et on fait durer le plaisir en recherchant des jeux où les paysages sont incroyablement réalistes et donnent presque l'impression d'avoir visité Hollywood (in GTA) alors que… ah non, en fait non, c'est juste le graphisme qui est dément. Cela n'aurait pas pu arriver avec *Pong*, dans les années 1970 ; ce qui n'aurait jamais pu arriver non plus, c'est se faire des copains en ligne et passer des heures sur un jeu tellement cool qu'on en oublie ses petits problèmes…

**2001 :** Microsoft peut être fier du carton rencontré par *Grand Theft Auto Halo III*, sujet à de nombreuses controverses.

**2002 :** le chiffre d'affaires des jeux a dépassé celui du cinéma.

**2003 :** sortie de la N-Gage de Nokia, mi-console mi-téléphone mobile.

**2004 :** *World of Warcraft*.

**2005 :** sortie de la Nintendo DS, console la plus vendue de tous les temps, détrônant ainsi la PlayStation 2 de Sony (sortie en 2000).

**2006 :** sortie de la Wii. Si vous avez des voisins qui semblent danser ou chanter faux au-dessus de chez vous, c'est certainement qu'ils ont une Wii. (Au moins, ils ne sont pas dans les bas-fonds en train de se droguer…)

**2008 :** *Grand Theft Auto IV*, sujet à de nombreuses controverses. Sortie de la Nintendo DSi, petite sœur crâneuse de la DS.

**2009 :** *Dragon Quest IX*, dont la mascotte, Slime, est une sorte d'oignon bleu trop cool.

**2010 :** sortie par Microsoft de l'accessoire Kinect (ex-projet Natal).

**2011 :** sortie de la Wii U, successeur de la Wii – comme Harry pour le prince Charles.

**2012 :** sortie de la PS3 et tremblement des genoux de la Xbox, sa principale concurrente.

**2013 :** *Grand Theft Auto V*, sujet à de nombr… oui, bon, vous avez compris, GTA c'est la Rihanna du jeu vidéo.

## Top 10 des jeux sortis entre 2010 et 2015 qui valent vraiment le détour (selon nous !)

***The Last of Us*** *(2009, PS3, PS4)*

- *Pourquoi c'est bien : parce que l'histoire est émouvante, la musique démente et que le tout s'inspire, entre autres, de* Je suis une légende, La Route et The Walking Dead.
- *Conseil de vieux : l'adaptation ciné du jeu a été annoncée en mars 2014 ; terminez le jeu avant pour pouvoir dire si le film vaut le jeu (un vieux con dirait non, sans même avoir posé la main sur la manette).*

***Skyrim*** *(2011, Microsoft Windows, PS3, Xbox 360)*

- *Pourquoi c'est bien : parce qu'incarner un enfant de dragon, c'est encore plus chic que de jouer un plombier. « Fus Ro Dah » (le cri du dragon) sera votre nouveau mantra.*
- *Conseil de vieux :* The Guardian *a fait un article élogieux dessus. Et* The Gardian*, c'est le Tropicana des journaux, eh ouaiiis, les gars !*

**Minecraft** *(2011, Windows, Linux, Mac OS X, Android, iOS, jeu sur navigateur Web, Xbox 360, Xbox One, PS3, 4, Vita)*

- *Pourquoi c'est bien : parce que le mode hardcore est une madeleine de Proust qui nous rappelle ce que c'était de finir des jeux difficiles. C'est vrai, avant on se disait « Ouf ! », aujourd'hui on se dit « Déjà ?? »*
- Conseil de vieux : *quand on est vieux comme nous, c'est* + 10 points de vie *quand on soutient des* indépendants *et* Minecraft *a un éditeur* indépendant *(bravo !!).*

**Rayman Legends** *(2014, PC, PS3, PS4, Wii U, Xbox 360, PS Vita)*

- *Pourquoi c'est bien : parce qu'on dirait le premier Rayman, en mieux, avec des musiques, un gameplay et des lums mieux.*
- *Conseil de vieux :* Rayman, *c'est comme* La maladie d'amour *de Sardou, ça court de 7 à 77 ans.*

**GTA 5** *(2014, PS3, PS4, Xbox 360, Xbox One)*

- *Pourquoi c'est bien : parce que si l'argent ne fait pas le bonheur, quand on met 135 millions de dollars dans un jeu, ça se voit.*
- *Conseil de vieux : aller aux putes, écraser des flics... le tout en slip, dans son canap', sans risquer plus qu'une conjonctivite, c'est cool.*

## C INTERROGATION ÉCRITE OBJECTIVE

Allez, c'est le moment de voir si vous avez bien retenu la leçon et si vous pouvez répondre objectivement aux questions suivantes (et pour ceux qui n'y connaissent rien, nous espérons qu'elles vous donneront envie de vous mettre à jour). Nous, vous allez voir, nous sommes ABSOLUMENT subjectives, parce que c'est notre livre. Voilà[6].

6. Pour poursuivre, tapez dans YouTube : « Les jeux vidéo dans les années 1990… c'était de la merde ! » sur Benzaie TV.

## • QUESTIONS OBJECTIVES •

**1 Pourquoi *Rayman*, c'est mieux avec le temps ?**

**A**. Parce que, contrairement au discours des rétrogamers, l'univers et le gameplay s'améliorent toujours avec le graphisme.

**B**. Parce que dans *Rayman Legends* on peut jouer sur du Black Betty ou du Queen.

**C**. Parce qu'il y a plus d'*easter eggs* dans *Rayman* que dans *Pacman*.

**2 Il y a huit ans, on pouvait se balader dans un jeu avec comme seul but de se promener et de kiffer le paysage ?**

**A**. Vrai.

**B**. Faux.

**3 Peut-on frapper un enfant avec une manette Wii en jouant et faire croire à un accident ?**

**A**. Non.

**B**. Oui.

**4 Citez un jeu des années 1980 qui permet de s'entraîner en cas d'invasion de zombies ?**

**5 Lequel de ces jeux est une preuve que tout n'était pas mieux avant ?**

**A**. *E.T.*

**B**. *Dark Castle*

**C**. *Superman 64*

**D**. *Zelda : The Wand of Gamelon*

**E**. *Shaq Fu*

**F**. *Bubsy 3D*

# • RÉSULTATS OBJECTIFS •

1 : **A. / B. / C.** : *Rayman*, c'est chaque année encore mieux.

2 : faux. Eh oui, parce qu'on n'avait pas le budget cinéma de GTA.

3 : oui, et on peut même en faire une compile YouTube grâce à la manette de la Wii.

4 : il n'y en a pas. Preuve que, dans le passé, on n'entraînait pas les jeunes aux réels dangers de l'avenir.

5 : **A. / B. / C. / D. / E. / F.** (oui, c'est décidé, tout est à jeter).

## BILAN

*Il n'y a qu'un pas entre l'enfer et le paradis, entre ce que ressent un vieux con qui se sent exclu et un jeune qui joue en réseau, même avec sa vieille tatie qui crie haut et fort qu'elle déteste la Wii. Et ce pas peut être franchi grâce aux jeux vidéo, grâce à ces gens très intelligents qui dépensent tous leurs sous dans leur élaboration pour qu'ils soient toujours plus rigolos, instructifs et divertissants. Ainsi, jeunes et vieux vont pouvoir se retrouver dans une quête commune : se divertir. Quel être humain refuserait ça ? Aussi, les jeux sur smartphone offrent une belle occasion de partager une passion (addiction ?) commune :* Flappy Bird, 2048, Hungry Birds, Candy Crush… *Leur succès mondial et transgénérationnel a montré, une fois de plus, que l'âge n'avait absolument rien à voir avec le plaisir du jeu. Et que prendre son pied en terminant* 2048*, c'est possible à vingt ans comme à soixante-deux (coucou, maman).*

*Mantra anti-vieux oxydant de con :*

**« UN JOUEUR, C'EST COMME UN BON VIN, IL S'AMÉLIORE EN VIEILLISSANT. »**

*Vite. Il est temps. De courir. De jouer !!!*

## LE POINT DE VUE DE

# LÂM HUA

***Trente-quatre ans, journaliste, photographe, auteur, bloggeur, geek, touche à tout. Il est au jeu vidéo ce que la lune est à la nuit : un éclaireur bienveillant.***

*Signes distinctifs :* belle voix, belle intelligence, très longs cheveux en excellente santé, une ode à la fertilité.

***Qu'est-ce que c'est, pour toi, un « vieux con » ?***

Être un vieux con, c'est ne plus être réceptif. L'enjeu est la curiosité ; il est très compliqué de nos jours d'être curieux, car toutes les informations arrivent à nous ; nous n'avons plus besoin de les chercher et nous devenons paresseux. C'est vraiment une question d'éducation. En fait, tu deviens un vieux con quand tu as emmagasiné une première culture avec tes premières expériences et que tu en restes là. Ton premier concert de 2Be3 devient ton panthéon et ton benchmark, et tu deviens nostalgique. Évidemment, l'âge joue un peu, parce que tu es plus réceptif quand tu es plus jeune.

À mon avis, Internet va atténuer le phénomène du vieux con, parce que c'est un terrain de jeu commun à toutes les générations.

***Et notre génération de trentenaires là-dedans ?***

Notre génération est un peu à

cheval entre les deux, nous nous posons davantage de questions. Avant nous, le savoir venait des parents, nous demandions : « Maman, papa pourquoi ci ? » Aujourd'hui, les jeunes disent : « Eh Internet, pourquoi ça ? » En 2050, cela sera dur d'être un vieux con, car nous serons bombardés de nouvelles informations qui nous conserveront dans le présent.

### *Quel a été notre rôle dans l'installation des jeux vidéo comme nouveau loisir ?*

Lorsque nous étions ados, nous avons fait face à la peur de nos parents, qui avaient le sentiment que nous étions « collés » à nos consoles, absorbés, donc inactifs ; mais nous avons été les pionniers d'une nouvelle manière de passer le temps, aujourd'hui complètement assimilée par le plus grand nombre.

---

***Le vieux con transcende les générations, les sexes et les frontières. C'est un truc intérieur.***

---

Cela a été violent d'être les pionniers des jeux vidéo, de devoir expliquer à nos parents que nous ne pouvions tout simplement pas venir à table au risque de perdre un stage dans le jeu vidéo, alors que nous, en tant que parents, nous comprendrons notre progéniture qui refuse de venir manger, parce qu'elle n'a pas fini son monde !

### *Comment le jeu vidéo a-t-il évolué ?*

Il faut savoir que le jeu vidéo est le média le plus impacté par la technologie et le progrès. Donc il peut te transformer en vieux con plus que la littérature et le cinéma qui, eux, n'ont foncièrement pas changé depuis le début. Le cinéma a fait évidemment des progrès, parce qu'il est devenu parlant et en couleurs, mais il n'a pas vraiment changé ; le jeu vidéo a, lui, complètement muté. Avant, il était ségrégationniste, avec un appareil et une manette dédiés, non déplaçables, très spécifiques : le jeu d'arcade. Il était fait par des jeunes mecs pour des jeunes mecs, sauf que les jeunes mecs qui ont commencé à jouer n'ont jamais arrêté, et en chemin de nouveaux joueurs sont arrivés et ils ont fait jouer leurs gamins, d'où l'apparition d'une grande élasticité dans la moyenne d'âge des férus de videogaming : les gamins commencent à jouer vers six ans, et à soixante ans des gens commencent à jouer et d'autres continuent. Aujourd'hui, le jeu touche tout le monde ; d'ailleurs, la moyenne d'âge des joueurs est de trente-trois ans.

***Le jeu vidéo n'a jamais été une question d'âge ou d'époque, c'était juste une question d'opportunité.***

***Comment s'est créée cette élasticité dans la moyenne d'âge des joueurs ?***

Nos parents n'ont en majorité pas joué, mais nous serons des parents qui auront joué. Nous aurons donc une référence pour analyser le comportement de nos enfants. Pourquoi nos parents ne se sont-ils pas intéressés à nos consoles, alors qu'aujourd'hui ils sont greffés à leur *Candy Crush* et autres jeux ? Il y a une explication : la plus grosse explosion du gaming se trouve dans la catégorie des femmes et des quinquagénaires CSP +. Le jeu vidéo est arrivé jusqu'à eux à travers leur smartphone, qui est aussi leur outil de travail. Cela a remplacé la petite radio ou le livre dans le métro. Sony a marketé la première PlayStation comme une console pour jeunes adultes cool et cela a dépassé les adolescents. Nintendo a créé les télécommandes sans fil et a ouvert la voie à un nouveau panel de joueurs qui s'ignoraient ; le jeu vidéo, qui a toujours été associé à quelque chose de très adolescent, est devenu universel et remplace même aujourd'hui les jeux de société. Un excellent exemple : la Wii, qui est devenue complètement familiale…

***Les adultes sont donc cernés par le jeu ?***

Oui, ils ne se rendent pas compte que le jeu est partout. Par exemple, il s'est créé un vrai phénomène autour des pachinkos, qui est un concept de salle de jeux, au croisement de la machine à sous et du flipper. En gros, tu t'assois devant l'une des deux cents machines, tu envoies des petites billes en fer dans une sorte de flipper qui fait des bruits assourdissants et… c'est tout. Tu ne verras jamais aucun jeune dans ces salles-là, uniquement des quadragénaires et des mamies en rang d'oignons, cela cartonne au Japon et aux États-Unis. Cela permet de réaliser que le jeu en soi peut toucher tout le monde. Et le jeu vidéo échappe un peu plus aux vieux cons que d'autres cultures.

### *En quoi cela consiste-t-il d'être un « vieux con gamer » ?*

En fait, tous les mecs qui ont été des pionniers (BD, hip-hop, jeux), donc hyper rejetés et ostracisés, se plaignent aujourd'hui de la vulgarisation de leur discipline. Ce qui est drôle, c'est qu'on parle de gens qui se sont battus toute leur vie pour obtenir une reconnaissance et, une fois qu'elle arrive, ils sont tout aigris. Il y a quinze ans, les fervents défenseurs d'Apple se battaient pour dire : « Apple, c'est cool ! Apple, c'est le futur ! » ; quand Apple a vraiment cartonné, ils sont devenus amers en proclamant qu'Apple avait changé, que tout le monde achetait les produits de la marque sans savoir ce que c'était ! C'est un autre syndrome de vieux con. En réalité, en ce qui concerne le jeu vidéo, c'est aujourd'hui beaucoup plus intéressant et diversifié ! Il y a toujours les arcades, mais aussi les consoles, les petits jeux sur téléphone, les jeux de mémo, GTA évidemment, qui compte des intrigues dignes de films de cinéma. Mais même si c'est beaucoup plus riche qu'avant, tu en auras toujours pour dire : « Cela n'a plus la même saveur. »

---

***À chaque fois que tu t'es battu pour une culture et qu'elle gagne, tu vis une sorte de petite dépression de la victoire.***

---

### *Y a-t -il un moment dans ta vie où tu te sens vieux con ?*

Oui, en regardant *Twilight* ! J'ai un peu une obsession de ne pas devenir un vieux con, je veux comprendre ce qui plaît aux ados, mais avec *Twilight* j'ai beaucoup de mal. Pour *Harry Potter*, je me dis que les ados qui ont quinze ans de moins que nous ont une chance de malade d'avoir accès à une telle saga ; si j'avais grandi avec ça, je serais devenu fou ! Je comprends aussi l'engouement pour *One Direction*, ils n'ont rien à envier aux *Backstreet Boys*, mais pour *Twilight* j'ai vraiment été choqué par sa médiocrité. J'ai beau essayer de regarder la chose avec du recul, en me disant : « Okay, c'est bourré d'hormones », mais c'est surtout super réac !

### *Tu aimerais être un jeune aujourd'hui ?*

Je trouve qu'ils ont beaucoup de chance d'avoir accès à Internet dès le plus jeune âge. À onze ans, les futurs adolescents entrent dans une relation d'égalité parfaite avec les adultes, en ayant accès aux mêmes médias, aux mêmes informations, aux mêmes contenus. Alors qu'avant tu ne pouvais pas t'acheter des livres ou des magazines, ta culture devait se créer en dépit de ces manques. Là, jeunes et vieux se retrouvent sur les mêmes plateformes ensemble, ce qui, à terme, va rendre encore plus élastique la notion de vieux con.

### *Qu'est-ce qui était mieux avant ?*

Honnêtement, je pense que la génération d'aujourd'hui ne va manquer de rien. Si elle veut connaître quelque chose, elle peut s'informer. Un gamin peut découvrir Otis Redding ou 2Be3. Par exemple, mon frère né en 1995 adore Les Inconnus, qu'il a découverts avec ses potes sur YouTube, c'est fou ! Et inversement, mon père connaît Norman. Aujourd'hui, il n'y a pas de segmentation dans la culture. Mais le fait qu'Internet donne accès à tout n'a pas calmé le besoin de partage et de curiosité que nous avons tous. On le voit par exemple avec le succès de Doctissimo, le plus gros forum de France, qui traite principalement de sexualité. Les gens ont encore envie de partager leurs expériences. Jouer en réseau, partager son expérience sur d'immenses forums comme Doctissimo, c'est rassurant. Dire que le web déshumanise, c'est des conneries.

### *Est-ce que tu es nostalgique du côté naïf de notre enfance ?*

Non, mais ce qui me fait peut-être un peu peur, c'est que nos enfants vont nous poser des questions auxquelles, nous, à leur âge nous n'aurions jamais pensé. Il va falloir que l'on « s'upgrade » à mort. Jamais nous ne pourrons leur parler du miracle de l'abeille qui butine la fleur, nous ne pourrons même pas leur dire : « Va te coucher ! » C'est sûr que certains parents diront : « De mon temps, quand même, c'était mieux. » Ce n'est pas « mieux », il y avait juste moins de communication, c'est tout !

5

# DANS LA BOUCHE DES JEUNES

## STAIVE

*Stu veux me cramper*
*Staive*
*Stu veux me zlataner*
*Staive*
*Staive si tu veux me bolosser*
*Mais moi toujours je t'aimerai*
*Tmtc*

C'est assez agaçant et cela n'a rien de très exotique, finalement, de nous retrouver seuls, au beau milieu d'une foule qui ne parle pas la même langue que nous. Il y a bien, peut-être, un petit côté érotique, mais seulement dans *Lost in Translation*, grâce aux fesses mortelles de Scarlett Johansson[1]. Imaginez donc un vieux con vivant en France, parlant le français de sa jeunesse (« J'me suis pris un gnon, laisse béton »), zappant sur NRJ 12 ou W9 et entendant : « Fait trop crari la celle, elle s'est pris pour riri, alors que c'est un abribus. » Le vieux con circonspect se sent seul d'un coup et éjecté du Bescherelle 2014.

Comme il est hors de question que nous tombions un jour dans les abîmes de l'incompréhension, comme un Alaskien qui chercherait le tlingit [2] dans le choix des sous-titres d'un DVD, étudions dans les grandes lignes le dialecte des jeunes.

## T'as qu'à regarder dans le dico !

*Rester à la page, dans le coup, dans le vent, dans le game… Avec notre vocabulaire, c'est aussi facile que de braquer une banque quand on est un canard. Difficile de suivre, quand le taux de natalité des nouveaux mots en France est de huit cents par an [3]. Pour la petite histoire, un nouveau mot peut se présenter à l'épreuve de l'intégration au dictionnaire, devant l'Académie française [4], à partir du moment où il est quantifiablement populaire (« quantifiablement » n'existe pas encore officiellement, quel suspens pour nous) et qualitativement viable ; en d'autres termes, il doit coller à l'actualité mais aussi durer dans le TEMPS.*

1. Mais il fallait au moins ça pour oublier sa coupe de cheveux désastreuse.

2. Ils sont moins de deux mille à parler cette langue amérindienne dans le monde (au sud de l'Alaska, en Colombie britannique et dans l'archipel Alexandre).

3. L'examen d'entrée au dictionnaire recalant les trois quarts des prétendants, il reste donc environ deux cents nouveaux mots qui intègrent la bible de notre tradition orale.

4. C'est une assemblée de mecs (et de meufs, depuis 1980) qui portent un tailleur brodé en vert et une épée (genre, une épée).

Le mot « zlatаner » est ainsi passé d'expression populaire à verbe conjugable à tous les temps, inscrit dans le dictionnaire, rendant plus facile et agréable de dire : « Je vais te zlatаner », plutôt que : « Tu es mon adversaire, je vais t'écraser en t'humiliant » (les usagers de Twitter comprendront l'utilité du gain de place pour placer plein de hashtags débiles).

En 2014, l'Académie française a passé huit heures sur l'expression « café gourmand » avant de décider que ce groupe de mots, cher aux indécis de la fin de repas, avait bien sa place au Larousse. Nous aussi, nous aurions bien voulu assister à la réunion Café gourmand, les discussions devaient être sacrément lolantes... Eh oui, nous avons le droit d'écrire « lolantes », car « lol » est entré dans le dictionnaire depuis un an déjà, tout comme « zumba » et « troll [5]». Pour ceux qui ne sauraient pas ce qu'est un troll , imaginez une personne qui passe son temps à faire des remarques désagréables à propos des autres. C'est l'équivalent IRL (sérieux ? IRL non plus, vous ne l'avez pas ? Ça veut dire « dans la vraie vie [6] ») d'un casse-couilles.

Faire entrer de nouveaux mots dans le dictionnaire - merci à Alain Rey, le RP des mots et conseiller éditorial au Robert - permet donc aux vieux de rester dans le coup, puisqu'ils y trouvent les mots qu'ils ne comprennent pas, comme « swaggy-swagg », que les jeunes répètent à chaque fin de phrase. Si même les nouveaux moyens d'exprimer le monde actuel sont recensés ET acceptés par le terrible jury de professionnels de l'Académie française, prêts à tout pour buzzer rouge sur la gueule de « TMTC » ou « chaber [7] », c'est bien que celui qui râle contre ces changements, en l'occurrence le vieux con, fait vraiment preuve d'une mauvaise foi crasse. Réjouissons-nous que de nouveaux mots, comme « Scud [8] », même s'ils ne sont pas très beaux, tombent dans le patrimoine de notre riche et grande langue : c'est comme si nous construisions un pont entre les vieux (le dictionnaire) et les jeunes (Swagg Man sur NRJ 12).

---

5. Probablement parce qu'ils étaient recherchés par la police lors de ces cinq dernières années, sans possibilité d'allumer leur smartphone sous peine de se faire localiser par Interpol.

6. *In Real Life*.

7. On est à deux doigts de lancer un nouveau concept de téléréalité à suspens, là, vous le sentez ?

8. Recevoir une sévère réprimande.

## Ⓐ OUIIIIN OU WESH, MÊME COMBAT

### 1- QUI SE RESSEMBLENT... SE COMPRENNENT

Dès le berceau, les cris, les pleurs, les gazouillements, les bruits sont instinctivement les premiers outils de communication des nourrissons vers le monde extérieur. Puis, à l'âge où ils tiennent leur tête, les gestes viennent renforcer les sons, ils montrent ou secouent les objets, ou applaudissent. C'est seulement à neuf mois qu'ils commencent à prononcer des mots, que les adultes ne comprennent pas, ces derniers trouvant d'ailleurs cela très mignon. Mais ne croyez pas que ces bébés vivent dans leur grotte jusqu'à ce qu'ils soient en âge de parler sérieusement, c'est-à-dire vers deux ou trois ans. Ils communiquent très intelligemment [9] ENTRE EUX et se comprennent très bien, ce qui fait bien rire les parents au parc, fascinés par le verbiage, imbittable mais assuré, de leurs gosses en couches.

Ainsi, dès la plus tendre enfance, l'être humain réalise que, pour survivre socialement, il vaut mieux communiquer avec un congénère du même âge ; la conversation est beaucoup plus fluide et simple qu'avec un adulte, incapable de comprendre que « ialou », ça veut dire « yahourt », et qui fera répéter le mot jusqu'à ce qu'il vomisse de colère (ou de faim). C'est d'ailleurs probablement ici que naît ce sentiment que nous gardons en nous toute notre vie : seule notre génération peut nous comprendre. Et c'est pour cela aussi que nous nous évertuons à créer autour de nous une famille, un cocon qui nous ressemble.

### 2 - DE L'IMPORTANCE DE TROUVER UN CLAN

Entre le moment où nous nous extirpons du tiroir de notre daronne jusqu'à ce que nous nous rangions dans un autre tiroir (celui sur lequel on saupoudre de la terre, direction le dernier continent), nous passons notre temps à tenter de recréer des espaces clos au sein desquels seuls ceux que nous choisissons peuvent pénétrer.

9. C'est en tous cas ce que pensent les créateurs des Razmoket.

Cela commence par les cabanes de l'enfance que nous construisons confortables et tamisées, propices à recevoir les confidences, les prouts et les ricanements que nous tentons d'étouffer en se bouchant le nez. Puis nous nous réfugions dans notre microcosme sonore, chérissant nos MP3, les écouteurs vissés comme un pipeline de technologie entre nos cœurs et une pile LR6. C'est là que débute le processus de construction de notre personnalité d'adulte : nous imitons les artistes qui nous touchent, reproduisant le langage d'émotions qu'ils nous transmettent – et tant pis si nous sommes fans de R'n'B ou de Nickelback, nous serons des drama queens toute notre vie. Ensuite, nous nous regroupons naturellement par bandes d'amis, formalisant et mettant en pratique les principes essentiels de l'organisation clanique, à savoir les principes suivants :

- Le droit d'entrée dans un groupe (comme le mot de passe secret à la porte de la cabane décrite ci-dessus).
- Le droit d'affiliation, puisque les copains qui entrent dans le clan sont ceux qui ont des centres d'intérêt communs aux nôtres. En gros – attention, nous avons utilisé plus d'adverbes chiants dans ce paragraphe que dans tout le reste du livre : si votre copain a une bonne tête et qu'il écoute la même musique que vous, vous le laisserez en tant qu'ado entrer dans votre cabane, qui sera, dans les faits, plus souvent un abribus ou des marches d'escalier, choisies pour leur capacité à être au calme et à l'abri du regard des adultes. Parce que c'est bien connu, l'adulte a une phobie : voir un jeune inactif assis sur un banc ou des marches. Si cette configuration entre dans son champ de vision, un interrupteur de vieux con va s'enclencher dans sa tête et il va venir déloger le sang neuf JUSTE POUR FAIRE CHIER LE MONDE.

Après la période cabane, MP3 et banc, c'est l'entrée dans la vie d'adulte. Là, de nouveaux contacts doivent se créer, mais c'est beaucoup moins évident qu'à l'époque où se lier d'amitié avec des inconnus était aussi facile que de manger une tartine. Nous nous sommes entraînées à nous vendre, lors d'entretiens d'embauche ou d'entrée à la fac, lors de « date » avec des amoureux potentiels ; nos discours ne sont pas instinctifs, nous savons toujours quels mots clés utiliser dans n'importe quelle situation ; en fait, nous avons perdu la naïveté qui faisait notre force et qui assurait le naturel de nos « cabanes ». Et par peur de ne plus jamais rigoler ni passer des moments improvisés, nous essayons de recréer un cocon amical en participant à des événements privés faussement récréatifs, en réalité aussi tristes que de manger du vieux pain sans sel – les afterworks, les speed dating, les blind dates et autres réunions dans des débits de boissons licence IV. Mais PERSONNE ne s'est JAMAIS fait d'amis à un after work ou lors d'un speed dating, ça n'existe pas, nous avons fouillé tout Internet pour trouver des témoignages – sans succès. Enfin, une fois ce temps-là passé, quand nous comprenons que les blind dates seront toujours foireux, que nous savons ce que nous voulons et, que, puisque malgré tout, il nous faut appartenir à un groupe, nous tentons d'intégrer une loge maçonnique ou un club d'économie à l'université populaire.

Tout ça pour dire qu'à chaque époque de nos vies, et par des biais différents selon l'âge, nous cherchons toujours à créer ou à intégrer un univers afin d'appartenir à un clan. Cela rassure, c'est valorisant et cela permet de nous sentir spéciaux en adoptant des codes spécifiques, des valeurs, une attitude, une philosophie, une culture et… un langage. L'utilisation d'une expression, d'un son ou d'une référence peut faire comprendre à n'importe qui de quelle famille nous sommes. Encore faut-il pouvoir le faire de la bonne manière et dans le bon contexte ! Les jeunes ne se laissent pas facilement berner par un vieux qui utilise « crari » pour faire croire qu'il est de leur camp…

## 3 - « YO, SALUT LES D'JEUNS » : DU VOCABULAIRE USÉ AUX MOTS FRAIS

La première chose qui nous a donné envie d'écrire ce livre, c'est la peur de devenir ringardes. Et par ringardes nous entendons : ressembler à un quadra voulant communiquer avec son enfant en l'imitant pour se moquer gentiment. Puisqu'une image mentale vaut mieux que des mots, souvenez-vous de Vincent Lagaf' imitant la nouvelle mode rap/R'n'B du début de la décennie 1990. Allez-y, lisez à haute voix, puis fermez les yeux.

« On a les lumières, on a la sono
On a les lumières, on a la sono
Les paroles c'est pas un problème [10]
La chorégraphie j'vous la fais
Chiche [11] on en fait un
Eh ! Oh ! Eh oh ! Eh eh oh ! Eh ! Oh !
Oh ! Oh !
Oh, qu'il est beau, qu'il est beau, qu'il est beau,
Qu'il est beau le lavabo
Lavabo qu'il est beau, il est beau le lavabo
Lavabo le lavabo, il est beau, il est beau
Lavabo le lavabo, il est beau, il est beau
Il est beau le lavabo oooh ! »

Les parents riaient, les enfants de moins de dix ans aussi, mais les ados et les jeunes, eux, se cachaient dans leurs surchemises à carreaux en frissonnant de honte.

Comprendre le « langage jeune », cela ne veut pas dire l'adopter, car, pour cela, sans vouloir faire de jeunisme, vous êtes un peu trop vieux. De la même façon qu'il est important de frapper à la porte d'une chambre d'enfant pour lui signifier que vous respectez son intimité, il est important d'essayer de se « travestir » en son double pour communiquer avec lui. Comme pour un bébé, à qui on ne dit pas : « Areuh areuh, vroum vroum dans la tuture », on ne dit pas : « Yo, ça va, t'es posey ? » à un jeune. Vos aïeuls se prenaient l'équivalent de la colère de Zeus ou de la tempête Xynthia lorsqu'ils avaient le malheur de vouloir tenter d'entrer en communication avec vous ? Eh bien, sachez-le, quand vous utilisez le mot « boloss » en prononçant trop le « lo » du milieu, les adolescents vous repèrent directe-

10. De l'importance d'être honnête.

11. Interdit d'emploi depuis mai 1998.

ment comme un collabo espion d'un clan adverse. De même, vous pensez que le verlan de votre enfance est encore tout à fait utilisable, parce que vous êtes persuadé d'avoir grandi au milieu de l'âge d'or du rap ? Eh bien, ce n'est pas pour vous briser, mais nous allons vous prouver à l'aide d'un diagramme cubique – enfin, un tableau, quoi – que ce qui nous a fait devenir des hommes est complètement HAZEUBINEU aujourd'hui, en 2014, après Jay-Z.

## B DIAGRAMME CUBIQUE – ENFIN, TABLEAU, QUOI – COMPOSÉ D'EXEMPLES SIGNIFICATIFS INDIQUANT QUE NOUS DEVONS LAISSER PARTIR CERTAINES DES CARACTÉRISTIQUES QUI FAISAIENT DE NOUS DES JEUNES

(Titre trop long, mais chic.)

| *Expression ou concept* | *Ce que ça signifie* | *Pourquoi il faut lâcher le steak* |
|---|---|---|
| Puissant<br>*Ex. : « Ce concert était trop puissant. »* | J'aime bien. | Phrase de Nerd puceau à vingt-cinq ans. Et ça, ça n'a pas changé, c'est toujours la loose (en revanche, « loose » est puni par la loi). |
| Genre<br>*Ex. : « Nan, mais genre t'as 24 ans, toi. »* | I was like. | Genre parce qu'on a vu des gens devenir genre fous à force d'utiliser genre vingt fois par phrase le mot « genre ». Nan, mais genre quoi. |
| Psssss<br>*Ex. : « Sophie Marie, viens manger ! ... psssss. »* | Je suis en désaccord avec une proposition. | Ce qui est bien quand on devient adulte, vraiment, c'est qu'on apprend à construire sa pensée. Alors faites-moi le plaisir de fabriquer une phrase ! |

| | | |
|---|---|---|
| **« Ta mère, elle est tellement moche que… »** *Ex. : « Ta mère, elle est tellement moche que quand elle se regarde dans un miroir, il veut devenir une glace sans tain .»* | **Qu' Arthur, auteur de cette épopée, a gagné beaucoup d'argent.** | Bien qu'elles soient excellentes, les « Ta mère, elle… » vieillissent aussi bien qu'un imprimé provençal une fois qu'on est rentré de vacances. |
| **La uiç** *Ex. : « Il est ouf, la uiç, à me parler comme aç. »* | **Celui-là.** | Dérogation : si vous vous trouvez dans un centre commercial depuis huit heures sans avoir rien acheté, parce que vous ne possédez aucune liquidité, l'utilisation de cette expression est tolérée. |
| **À la one again** *Ex. : « La meuf est arrivée aux éliminatoires de Miss France à la one again. » (Quel drôle d'exemple.).* | **Sans être préparée.** | RIIIIIIIINGAAAARD. Attention, si vous rajoutez « Bisoutlfy » derrière, nous débarquerons de nul part pour vous épiler les aisselles à la cuillère à moëlle. |
| **Crème** *Ex. : « Je me suis excusé, c'est passé crème. »* | **Très bien.** | Sommes-nous les seules pour qui la « crème » a une connotation dégueu ? |
| **Zyva** *Ex. : « Zyva, c'est trop ripou tron truc, là. »* | **Peut-être pourrions-nous procéder autrement ?** | Smaïn est mort pour l'abolition de Zyva, il y a laissé sa carrière, alors un peu de respect. |
| **Chouraver** *Ex. : « Je lui ai chourav' son Tipp-Ex. »* | **Emprunter avec l'intention délibérée de ne pas rendre. Commettre un larcin.** | Dites « chouraver » devant une glace et vous comprendrez qu'une gifle est le reflexe primaire qui vous viendra. Frappez-vous sept fois la bouche si l'envie est trop grande. |
| **Marave** *Ex. : « Je vais me faire marave par mon boss. »* | **Se faire corriger dans le but de comprendre une erreur commise.** | Parce qu'à moins d'être né dans une favela de Rio, non, personne ne va maraver personne ; alors arrêtez de faire croire à votre entourage que votre vie est aussi palpitante que GTA 5. |

Nous vous proposons, si ça peut réparer le *Bugaled Breizh* qui vous sert de cœur, abîmé par une tempête de chagrin au large de vos illusions, une lente procession mentale qui va aider chacun d'entre nous à faire notre deuil et à nous concentrer sur demain, demain qui est déjà en train de se fomenter dans notre dos. Ayons également une petite pensée émue pour tous ces mots qui firent de nos récréations des punchlines d'Or et qui ne sont aujourd'hui que des jouets rouillés d'avoir trop servi : Fastoche. Bonbek. Se croûter. Ché. Balarguer. Craignos. Élastoche. Pourrave. Cantoche. Boum. Fayer. Ratcho. Galocher. Bâcher. Chiche.

Ligne de silence.

Voilà. À présent que notre deuil est fait, intéressons-nous de plus près à ce qui a remplacé nos chères expressions qui étaient si chanmées et puissantes, propres à un temps antérieur.

## C DIAGRAMME CUBIQUE – ENFIN, TABLEAU, QUOI – COMPOSÉ D'EXEMPLES D'EXPRESSIONS QU'UTILISENT LES JEUNES

(On s'améliore en longueur de titre.)

| *Expression ou concept* | *Ce que ça signifie* | *Pourquoi il ne faut pas l'utiliser en tant qu'adulte* |
|---|---|---|
| Staive<br>*Ex. : hier j'ai mangé une pomme. O.K., staive.* | C'est ta vie, on s'en fout. | Voici votre déclaration d'impôts mademoiselle. O.K., staive. |
| Ta gueule<br>*Ex. : tu viens en maths ? Ta gueule.* | Je t'écoute et je vais te répondre. | Voici votre déclaration d'impôts mademoiselle. Ta gueule. |
| Vas-y<br>*Ex. : vas-y ça me saoule là.* | Parlons d'autre chose | Du coup, vous souhaitez une ponction lombaire sans anesthésie. Vas-y. |

| | | |
|---|---|---|
| **Wesh**<br>*Ex. : wesh gros, ça va ?* | **Bonjour.** | Chérie, je te présente ma mère. Wesh, ça va ? |
| **Et tout**<br>*Ex. : j'étais là et tout, et la meuf et tout elle me dit ouais j'sais pas quoi et tout.* | **Respiration dans la phrase.** | Moi je voulais vous payer mes impôts et tout, et j'ai pas pu et tout parce qu'après j'ai oublié et tout. |
| **Crari**<br>*Ex. : crari je suis rentrée et ensuite je suis ressortie direct.* | **Faire comme si** | Crari tu crois que je vais payer mon tiers annuel en une fois ? |
| **Jar**<br>*Ex. : jar t'as cru que je voulais sortir avec toi.* | **Genre, mais pour les gens qui n'ont pas le temps de tout prononcer** | Jar t'as cru que j'allais venir travailler à 8 heures, wesh ma gueule, vas-y, viens à 8 heures toi si tu veux, staive ! |
| **Boloss**<br>*Ex. : toi tu payes tes impôts t'es trop un boloss (à noter quand même que les meufs sont OBSÉDÉES par leurs impôts).* | **Bouffon** | Ci-joint ma démission car votre firme est vraiment un repère de boloss. |
| **Babtou fragile**<br>*Ex. : il est venu pour me serrer la main jar et moi j'ai esquiv' et tout ce babtou fragile. Wah tu l'as crampééé.* | **Victime** | Nous avons décidé de ne pas vous augmenter car vous êtes un babtou fragile à nos yeux. |
| **Twerk**<br>*Ex. : je l'ai twerké jusqu'à ce que sexe s'en suive.* | **Danse qui sert à montrer si on a un bon boule** | Je n'ai jamais fait de comptabilité mais je twerke assez bien. |

Bien sûr, nous ne vous avons pas tout mis, parce que filer les codes secrets des jeunes, c'est un peu comme les trahir – restons malins, ils vont payer nos impôts. Bon, allez, voici quand même quelques autres expressions adorées des jeunes aujourd'hui :

- **se guélan :** de « languer », pour embrasser avec la langue ;
- **sérieux :** pour appuyer sur la solennité d'un propos, à placer trois fois dans une phrase ;
- **des mouilles :** des gens sans courage ;
- **posey :** se sentir bien, faire quelque chose de cool et de confortable ;
- **« Tu veux du pain ? » :** remplace l'ancien « Tu veux ma photo ? » ;
- **« C'est quoi les bails ? » :** « Qu'est-ce qui se passe ? »

## D COMMENT LES JEUNES ONT FAIT D'INTERNET UN RADIO LONDRES 2.0

### 1 - LE LANGAGE JEUNE HARDCORE DES DIGITAL NATIVES [1]

Il est important de parler du mélange explosif que constituent les *digital natives* et l'outil de communication Internet, car, à eux deux, ils ont contribué à universaliser le langage jeune. En effet, aujourd'hui, dans tous les lycées, les expressions sont les mêmes, popularisées par le web et par certains « influenceurs » de la toile. Sur le forum Blabla 15-18, sur jeuxvideo.com, les jeunes s'informent des expressions à connaître et aussi de leurs origines.

Parce que le langage est pareil à un gentil sida, il infecte poliment les classes de la société et se propage à l'infini, au-delà des frontières, sans que personne ne trouve de remède. C'est comme ça que le français ressemble à l'italien et que l'argot ressemble au bâtard entre Henri Tudor, des Gitans, des Arabes, des minorités sociales et, qu'au final, tout le monde l'utilise parce que c'est plus joli et imagé de dire :

1. Si vous avez déjà oublié qui étaient les digital natives (coucou Alzheimer), rendez-vous au chapitre 2, p. 61.

« *Hey ma gueule, tu vas te manger une salade de phalanges si je t'entends encore siffler comme un rouge-gorge* »

plutôt que :

« *Tais-toi ou je te tape.* »

Pour toutes ces raisons esthétiques, pratiques et logiques, les frontières entre les mots ont été mises dans une sorte de Boggle géant, quelqu'un a shaké tout ça à la manière de Tom Cruise dans *Cocktail*, deux heures au four et, résultat, à force de slacktivisme, les enfants du siècle ont créé un langage mutant.

## Point définition

*Slacktivisme, ou « activisme paresseux », est un néologisme né de la fusion des antonymes « slacker »* (fainéant) *et « activisme ». Le terme est apparu à la naissance d'une nouvelle forme de militantisme sur Internet, en 2000. Plus besoin de se bouger pour soutenir une cause, un « clic » suffit. Des Twibbon (campagne sur Twitter) aux pétitions en ligne (comme avaaz.org), en passant par les partages d'appels au don, tous relèvent du slacktivisme. Il s'agit de toutes les actions que nous faisons sur le web et qui n'engagent à rien de plus qu'un clic, mais qui nous font plaisir, parce que nous avons quand même l'impression d'être un acteur de ce monde. Tweet-clasher une personne qui n'a pas le même point de vue que nous et appuyer sur le bouton « bloquer cette personne »... en fait partie.*

Pendant que nous entrions dans la vie active, ces petits bâtards de conspirateurs miniatures – lycéens, étudiants et geeks – ont changé tous les codes ; résultat, quand nous nous rendons aujourd'hui sur un forum, nous ne comprenons pas un mot sur quatre. C'est vraiment frustrant. Entre le langage SMS, les abréviations, les mélanges d'idiomes, les codes de gamers et l'orthographe anarchik (hé hé), Internet est devenu la propriété de ceux qui lisent l'équivalent des écritures Tengwar (univers du *Seigneur des anneaux*). Cela nous ferait la même impression si nous devions partir vivre d'un coup en Laponie, qu'il faille expliquer lors d'un entretien d'embauche (en lapon donc, l'entretien) que nous sommes parfaits pour le poste, parce que nous avons acquis une expérience solide au sein de diverses firmes internationales. (Et, franchement, si vous êtes lapon et que vous êtes chaud pour nous envoyer la traduction de cette phrase, FAITES-LE, on sait jamais, ça peut servir).

Ainsi, pour que vous ne soyez pas complètement perdu largué fini cuit ringard, voici un tableau récapitulant les principales expressions, codes, smileys et émoticons que vous avez manqués et que vous trouverez forcément un jour sur votre e-route de Madison.

## E DIAGRAMME CUBIQUE SOUS FOR...

(Ça va ça va, on a compris, arrêtons de vouloir gratter des signes à tout prix, notre éditrice va s'en rendre compte)

| *Abréviation, concept ou code* | *Ce que ça signifie* | *À quoi ça sert ?* |
|---|---|---|
| *Attention Whore* | Personne ayant un besoin pathétique et viscéral d'attention. Utilisation de tous les prétextes pour se montrer. | À prouver qu'on a une vie épatante et un petit cul pas mal. Et surtout qu'on est pas comme les autres. |
| *Dediboobz* | Photographie de seins sur laquelle on a préalablement inscrit une dédicace. | À la photographiée : de proposer sa marchandise.<br>Au destinataire : d'avoir une image sur laquelle se masturber. |

| *TLDR* | Too long did not read. | À signifier à son interlocuteur qu'il ferait mieux de faire bref. |
|---|---|---|
| *TMTC* | Toi-même tu C. | À appuyer un propos, à faire un sous-entendu. Ex. : hier soir, TMTC… |
| *Alcoorexie* | Contraction d'alcool et d'anorexie. | À ne pas manger pour être saoul plus vite, à la manière des SDF. |
| *Mojo* | Charisme. | Le saviez-vous ? À la base, le mojo veut dire « amulette ». Aujourd'hui, il nous sert à faire entendre qu'on peut obtenir ce qu'on veut. Ex. : ce soir, j'ai le mojo, je pourrais pécho la terre entière. |
| *Hater* | Quelqu'un qui dit du mal, parce qu'il est un tout petit peu jaloux (ça, c'est vraiment une définition de vieux…). | À énerver quelqu'un qu'on ne porte pas dans son cœur. Ex. : de toute façon, t'es qu'un putain de hater. |
| *FOMO* | Fear of missing out. | Si vous fermez/rouvrez vos fenêtres Twitter, Instagram et Facebook toutes les quatre minutes, vous avez la FOMO. Vous avez peur de manquer. Comme nos grands-mères avec le pain pendant la guerre. |
| *YOLO* | You only live once. | Le cercle des poètes disparus aurait pu avoir ce mantra si *carpe diem* n'avait pas été dispo. |
| *FRAPSUS* | Lapsus de frappe. Ancêtre : le T9, qui disait : « J'te baise », alors que vous vouliez juste dire : « J'te bise. » | Ça sert à rien, c'est comme une maladie ou un accident, ça n'a pas de « sens » *a priori*. |

| | | |
|---|---|---|
| *LMFAO* | Laughing my fucking ass off. | Avant d'être un groupe en leggins, LMFAO signifiait une bonne vieille barre de rigolade gratuite. |
| *Sdfie* | Selfie avec un SDF. | À rien, c'est pas sympa, ça permet juste aux journaux en ligne de faire du clic. |
| *FDP* | Fils de pute. | Ça a l'air vulgaire, mais en vrai, c'est souvent utilisé de façon affectueuse. Ambiance amour vache. |
| <3 | Cœur. J'aime. Je vous kiffe. J'ovule. | Sans modération si vous êtes du genre baptou fragile. |
| :3 | Je souris comme un chat qui a une bouche en forme de fesse. | À l'attention de quelqu'un qui connaît ce smiley. |
| Oo | Je suis surpris/Je ne comprends pas. | Dès que vous ne comprenez pas quelque chose sur Internet. |
| :/ | Je suis très déçu. | Critique AlloCiné quand on a la flemme de développer. |
| >< | Argh FDP ça m'éneeeerve. | Quand on a oublié ses clés, ou son tampon. Ou quand on a interverti les deux. |
| :'( | Je suis triste. | Si on est une/un drama queen. |
| =p | J'ai pris de la drogue. | Jamais, car la drogue ça finit mal, cf. Janis Joplin. |

## F INTERROGATION ÉCRITE

Maintenant que vous êtes briefé et que vous avez compris que, si les jeunes inventent des mots, cela n'est pas pour embrouiller les vieux mais plutôt pour se recréer des cabanes douillettes et secrètes, il est temps de voir si vous êtes apte à renouveler votre certificat de jeune. En ce sens, nous vous proposons de vous atteler à cette version entre la langue jeune et le français. Vous avez quatre heures.

***Ma bestouille,***

***J't'écris dpui Port Leucate ou chui avec les darons. Ca fait deux jour kon é là, là j'ai chillé après manger et je vien d'HT1 glace avant de me poser à comater à la plage lol ici y'a trop de babtou fragil qui se prenn pour des femmes crari alor kc just des attention whore qui serv à rien, elles croi elles ont le swagg mdr quoi***

***Avec mes remps c trop la hass ils veul pa tro me laissé sortir g tro envie de leur dir nan mais les gars franchement YOLO quoi lol j'arrêt pas de les troller eureusemen ke tariv dan 4 jour du cou je me di c bon osef ya ma bestah qui débark on va avoir tro le mojo ici elle et moi et kan on fera des selfie pour facebook tou les haters il von tro avoir le seum denou voir bien bronzé en mode fraîcheur de ouf on fera des dediboobz sur la plage laisse tomber xptdr***

***Franchemen la plupar des jeunes ici pr l'instan il sont chelou, mai g capté y'avai un cour de paddle ou un cour de zumba le matin sur la plage ils ont l'air + sympa donc on verra qd t'ariv on va allé les draguéééé de ouuuuuuf***

***Jte kissouille de ouf jtm et je me rejouis et tout q tariv pr kon fass tro les fofolles***

***… Eh vazy y'a marké « vu » pkwaaa tu répon paaaaaa lol***

## TRADUCTION

« Ma chère amie,

« Je t'envoie cette lettre depuis Mimizan où je me trouve en vacances avec mes parents. Nous sommes ici depuis deux jours, jusqu'ici nous avons profité du beau temps et découvert un peu la gastronomie locale. Les locaux sont un peu réservés et les femmes beaucoup moins prolixes que dans notre région, il doit s'agir d'un mécanisme de défense. Mes parents sont quelque peu épuisés par l'année qu'ils viennent de passer, j'essaie de soulager maman en effectuant quelques travaux ménagers et cela m'empêche de faire la connaissance des jeunes de notre âge en prévision de ton arrivée. J'aimerais qu'ils se détendent un peu et profitent de cette semaine de répit, j'essaie de leur faire comprendre mais tu sais comment ils sont : avec eux, aucun moyen d'avoir le dernier mot ! Je me réjouis vraiment que tu me rejoignes afin que nous fassions des jeux de plage et autres gourmandises de notre âge, j'ai pensé : nous pourrions même peut-être acheter des chouchous à un marchand ambulant ! Dans l'attente de ton arrivée ma chère, je t'embrasse bien fort sur la joue et je guette la calèche qui annoncera le début de nos vacances à nous deux !

« P.-S. : réponds-moi vite ! Je me languis ! »

### BILAN

*Considérez le langage jeune comme le latin: avoir les bases, c'est essentiel pour s'adapter (adaptare). Mais n'oubliez pas, le jargon jeune est comme le latin : une langue morte pour VOUS. Vous n'avez pas le droit de le parler.*

*Jetez ses vieilles expressions (« laisse béton »), c'est comme changer ses draps : bon pour la vie quotidienne.*

*Ne vous moquez JAMAIS d'un mot que vous ne comprenez pas. Ce genre d'attitude gangrène votre capital bienveillance déjà pas mal entamé par les reportages sensationnalistes de TF1 et de M6.*

*Si vous avez des enfants, ne les demandez pas en amis sur Facebook. NEVER.*

## LE POINT DE VUE DE

# BÉRENGÈRE KRIEF

***Trente ans, comédienne, interprète d'un seul en scène à succès et du rôle de Marla dans la série* Bref.**

***Signes distinctifs :*** yeux verts, accessoire d'IPhone incroyable (en forme de sac à main, avec une chaîne), coupe de cheveux réussie, voix grave.

***Pour toi, quel est le premier symptôme d'un vieux con ?***

À mes yeux, un vieux con, c'est celui qui, lorsqu'il ne comprend pas quelque chose, considère que c'est forcément parce que c'est nul. En somme, c'est une personne qui n'est pas intéressée, pas curieuse. Je suis bien consciente que la frontière est vraiment très mince entre les vieux cons et les autres.

***Est-ce que tu t'es déjà considérée vieille ?***

La première fois que j'ai entendu le mot « boloss », je me suis sentie extrêmement vieille, parce que je n'avais vraiment aucune espèce d'idée de ce que ça pouvait bien vouloir signifier… Ça, c'est mon premier coup de vieux. C'est comme s'il y avait des personnes qui inventaient un nouveau vocabulaire et que je n'étais pas dans la réunion de briefing… Quand tu prends conscience qu'il y a une autre communauté, qui suit les mêmes règles que toi mais que tu n'en fais pas partie, tu passes un cap psychologiquement.

***À ton avis, sommes-nous une génération qui a peur de vieillir ?***

Je crois qu'avoir trente ans aujourd'hui est très différent d'à l'époque de nos parents. Pour eux, c'était souvent déjà nos parents. Cela n'empêche pas qu'ils aient construit leur carrière et qu'ils aient fait des choses à côté, mais quand même : ils étaient déjà installés, « posés », comme on dit aujourd'hui… Nous, à trente ans, on a déménagé deux cents fois, on a le nez dans le guidon et, souvent, même si on a envie de construire, c'est très dur, parce qu'on n'a pas d'exemples précédents de ce que nos vies pourraient être, en accord avec ce qu'on imagine. Donc je ne sais pas si c'est cela « avoir peur de vieillir », je pense plutôt qu'il s'agit d'un tâtonnement pour faire les choses le mieux possible, tout en kiffant, tout en étant amoureux, tout en construisant une carrière solide… C'est pas facile, faut avouer !

***Trente ans, tu crois que c'est un âge important ?***

Disons que c'est une deadline qui fait peur, on se met une sorte de fausse pression fantasmagorique, en se disant qu'il faut qu'on ait accompli des choses, qu'on ait construit un truc solide, mais comme on avance en même temps, on ne peut prendre aucun recul, ça empêche de se rendre compte qu'on a avancé…

---

***Si je dis le mot « boloss », j'ai vraiment l'impression d'être un de mes parents…***

---

***Qu'est-ce que tu ne regrettes pas de tes vingt ans ?***

C'est hyper dur d'avoir vingt ans ! Tu sais pas qui tu es… ce sont les années de construction les plus compliquées à vivre. En avançant dans l'âge, tout s'adoucit petit à petit, même tes engueulades sont plus cool, parce que, truc incroyable, à trente ans, tu es en mesure de reconnaître que tu as tort. Enfin, il faut reconnaître : c'est hyper dur d'avoir vingt ans ! Dans mon vécu personnel, ces dix dernières années j'ai vraiment beaucoup travaillé pour me forger une carrière, et là je commence seulement à en récolter les fruits, je suis contente d'être passée par là, mais je suis aussi contente de pouvoir travailler autre chose maintenant, surtout en étant plus sereine.

### *Est-ce qu'il y a des choses qui te font te dire : « C'est bon, je suis vieille » en étant amère ?*

Je ne suis pas vraiment amère, mais je vois bien que je change petit à petit… Par exemple, je me suis retrouvée dans une soirée de youtubeurs ; ils étaient tous dans les loges à fumer et à boire des coups ; alors qu'il était déjà une heure du mat', tout le monde a dit : « Allezzz on sort, on va faire la fête ! » Moi, je n'avais qu'une envie : rentrer chez moi tranquille, je ne comprenais rien à ce qu'ils disaient, leur énergie me fatiguait ! Je me suis mise à comprendre un peu ma mère. L'écart qui se trouvait entre elle et moi s'est amenuisé au moment où elle a voulu m'apprendre à faire une soupe et que moi, au lieu de souffler, je me suis exécutée…

### *Est-ce que tu trouves que l'humour a changé ?*

Je trouve que l'humour, c'est comme la mode ou le football. C'est rare de voir un vieux footballeur ou une vieille mannequin. Le renouvellement est nécessaire, primordial même. Alors oui, les têtes ont changé, il y a plus de filles, ce qui est cool, et puis la société évolue, alors forcément les codes de l'humour changent avec ! Ce n'est pas que c'est plus trash, ou moins politique, c'est que nous sommes en quelque sorte autorisés à aborder plus de choses, donc les univers se diversifient.

---

***Je fabrique ma propre soupe, j'ai arrêté de fumer depuis trois ans… En fait, je suis peut-être une adulte, finalement…***

---

### *Comment on fait pour rester dans le coup quand on est humoriste ?*

Je pense qu'il faut fréquenter beaucoup de petites scènes ouvertes, rester toujours curieux. C'est là qu'on « prend la température »… Oh, la phrase de vieux !! Bon, une chose qui est rassurante avec mon statut, c'est que même si je suis plus sereine, je suis toujours une intermittente, ce qui n'est jamais à 100 % confortable !! En tout cas, en continuant à fréquenter les lieux de découverte de talents, en vieillissant tu es toujours en quelque sorte confrontée à d'autres talents, et tant mieux, parce que c'est hyper challengeant, et puis, à partir de là, tu peux aussi te rendre compte que c'est vraiment important de travailler. Le talent, ça tombe pas du ciel comme ça… Un bon exemple pour moi, c'est Pierre Palmade. Il a joué longtemps, ensuite il a créé sa compagnie de théâtre au sein de laquelle il a embauché plein de jeunes pour rester entouré de fraîcheur. Je trouve ça hyper humble et intelligent.

***Qu'est-ce qui a changé pour toi ces dernières années ?***

En fait, je crois que je suis devenue plus exigeante, envers moi et envers les autres. Je recherche vraiment la qualité. C'est moins facile pour moi par exemple de tester des nouvelles choses sur scène. Avant, j'y allais sans me poser de questions, aujourd'hui je suis sur-flippée. Mais bon, ne pas être un vieux con, c'est aussi « remettre son titre en jeu » !

***Ton succès et ta popularité (NDA : grâce à son spectacle et à son rôle dans la série* Bref*) sont-ils un handicap ou au contraire un moteur ?***

Évidemment, c'est un moteur, c'est agréable de voir son travail un peu reconnu. Mais après le rôle de Marla que j'ai interprété dans *Bref*, on m'a proposé pas mal de rôles de bonne copine. Donc je n'ai plus les mêmes problèmes, mais ils sont déplacés. J'aimerais aujourd'hui montrer que je sais faire autre chose, j'espère que ce n'est pas une phrase de vieille conne de comédienne !

6

# PARLEZ-MOI D'AMOUR

*Je suis bi*
*Je suis tri*
*Je suis free*
*Rep à sa[1] papy*

1. Calm doooown, n'alertez pas la Halde, c'est fait ESPRèS

Ils ne s'habillent pas comme nous, ne parlent pas la même langue, n'ont pas les mêmes codes ni les mêmes références culturelles ; ils ne savent pas ce que sera leur avenir et s'en foutent, parce qu'ils vivent dans le présent… La vie, à vingt ans (souvenez-vous), se brûle par les deux bouts, à coups de passions éphémères, de déclarations spectaculaires, de retournements de situations dignes des meilleurs soaps. C'est seulement en vieillissant qu'on apprend l'amour raisonnable, mesuré, pondéré. L'expérience nous aide à comprendre qu'un rencard qui foire, ce n'est pas la fin du monde, qu'un mec qui dit : « Je t'aime » avant même de nous avoir vue démaquillée, c'est chelou, et que les filles qui disent : « Je suis un petit peu jalouse hi hi » sont en réalité des hystériques qui hackeront vos comptes et téléphones mieux que la CIA. L'expérience, c'est ce que nous n'avons pas quand nous sommes enfants et ce n'est finalement pas plus mal. Cela nous permet de vivre des histoires merveilleuses sans douter, cela nous fait croire qu'une relation longue distance est possible et que claquer la porte après une dispute à deux heures du mat' met du sel dans la vie amoureuse. D'ailleurs, les grandes histoires d'amour, les plus belles, les plus connues, ne sont pas celles de vieux amants (seuls Brel ou Reggiani ont eu cette audace). Juliette avait treize ans et demi et Roméo vingt et un (coucou, le détournement de mineure), Paul et Virginie quatorze ans, Tristan et Iseult seulement quinze…

Et le vieux con dans tout ça ? Eh bien, comme toujours, il a des idées bien arrêtées. La norme, c'est la sienne, et il s'arrange avec. S'il est divorcé, il concèdera que le divorce, dans certains cas précis (le sien), est acceptable ; s'il est marié depuis trente ans à une personne qu'il aime, il ne comprendra pas que d'autres mettent plus de temps que lui à trouver la bonne ; s'il est célibataire depuis qu'on lui a brisé le cœur en 1973, il dira alors que l'amour ne donne rien de bon, que du mouron. Du coup, il a du mal à accepter sans broncher les nouveaux comportements de la relève. Peut-être jalouse-t-il moins l'assurance des jeunes, leur peau tendue ou leurs seins qui défient les lois de la gravité (petites bâtardes) que leur liberté toujours plus grande. En effet, les jeunes d'aujourd'hui « sortent » davantage et plus tôt (ils ont pu voir dans *Projet X* qu'une fête qui dégénère n'équivaut pas forcément à mille coups de martinet), ils s'octroient toujours plus de droits (même s'ils vont contester ce fait en lisant ça) et voyagent plus aisément… Tout leur est plus « facile », et ils n'ont pas eu vraiment à se battre pour obtenir tous ces privilèges. Mais concernant l'amour, rassurons le vieux con tout de suite : leur cœur fonctionne absolument de la même façon.

### Breakdown

*Mai 68 est un évènement historique tout à fait représentatif d'une jeunesse en lutte contre les règles établies. À cette occasion, des milliers de vieux cons sont sortis de leur tanière (qui parfois se trouvaient à l'Élysée) et ont fait entendre leur voix pour redresser ces jeunes rebelles qui sortaient du rang ; il s'agissait d'étudiants parisiens qui manifestaient contre le pouvoir gaulliste et globalement le capitalisme, bientôt rejoints par les ouvriers et la France entière.*

*Pour ne pas virer vieux con, il faut se souvenir que, quelles que soient les époques, les jeunes, qui descendent plus facilement dans la rue que les vieux (ils ont piscine ce jour-là), ont toujours été au cœur des manifestations qui ont fait évoluer notre monde.*

## A L'ENQUÊTE SUR L'AMOUR

Nous avons interrogé les spécimens de notre entourage, nous sommes allées épier les blogs, forums et chats les plus plébiscités par les jeunes (type forumdesados.net, forumdesjeunes.com, fdos.fr, teemix). Attention, nous vous mettons en garde contre ces sites qui ont une grande puissance addictive ; c'est un peu comme regarder le Téléachat, tu sais que tu n'as pas besoin d'un couteau spécial poivron ni d'un masseur de doigts, mais bon… tu ne décroches pas.

Sur ces sites, les adolescents se lâchent et s'expriment avec tant de fougue et de sincérité qu'il est difficile de faire autrement que de passer cinq heures à lire les mésaventures, coups de cœur et grandes discussions sur le sujet. Globalement, ils semblent plus mûrs que nous au même âge, mais nous avons souvent tendance à croire que nous étions plus niais que les autres.

## 1 - C'EST QUOI, ÊTRE AMOUREUX AUJOURD'HUI ?

Eh bien, vous pouvez arrêter de retenir votre respiration, nous avons une grande nouvelle : pour un adolescent, être amoureux, c'est… être amoureux, *stricto sensu*. Affinités, liberté et attirance mutuelle sont toujours monnaie courante, c'est seulement dans la forme que les choses se gâtent. C'est là que vous devenez… has-been. Mais c'est simplement parce que vous n'avez pas dix-sept ans, rien à voir avec le fait de devenir un vieux con. Nous vous conseillons simplement de ne pas sortir avec un jeune homme qui entre en terminale (même littéraire), car vous risqueriez de rencontrer quelques problèmes de communication. Par exemple, si votre nouveau petit ~~page~~ ami vous annonce qu'il vous kiffe trop, et que même s'il drague quand vous n'êtes pas là, il le fait juste pour la forme, qu'il pense à vous du réveil jusqu'au coucher et qu'il délire trop avec vous, vous ne serez pas contente. Aussi, ce même petit ~~page~~ ami va certainement vous annoncer que c'est trop frais de passer un peu de temps avec vous, et c'est à ce moment que des larmes rouleront sur votre visage. Moralité : non, définitivement, ne sortez pas avec un enfant qui n'a pas connu la vie sans le traité de Maastricht. À l'inverse, voyons maintenant les iatus ingérables qui mènent à la rupture pour les jeunes pousses de soya. (À noter qu'une pelle se roule toujours dans le sens des aiguilles d'une montre, sinon Satan envahit la terre.)

## 2 - QU'EST-CE QUI FAIT ROMPRE LES JEUNES ?

Les motifs de rupture sont assez similaires à ceux pour lesquels nous partons, balluchon sur l'épaule, à l'âge adulte. Parmi eux, ce qui effraie avant tout les jeunes, c'est la routine, « et qu'on fait toujours les mêmes choses [1] ». La routine est étalonnée en fonction de l'âge que nous avons : par exemple, si nous pouvons facilement décider de faire la sieste chaque jour sans que cela s'apparente à une routine, une ~~enfant~~ jeune femme de dix-sept ans ne supporte pas cela (évitez donc, là encore, de sortir avec ce genre de personne qui risquerait de vous épuiser, c'est couru d'avance). À l'inverse, si les jeunes sont très contents de se rejoindre à la plage pour partager des cigarettes et griller leur capital soleil de 12 à 19 heures comme autant de poissons panés, nous, aspirants vieux, préférons visiter une église mérovingienne sur notre lieu de villégiature. C'est donc une certaine routine qui rebute nos petits, celle qui s'apparente à nos habitudes d'adulte bien content d'être installé. Tant mieux, laissons-les profiter, car les post-it « appeler la banque » arrivent bien assez tôt.

Deux autres motifs de rupture ont retenu notre attention sur les forums précédemment cités :

- « Quand on se fout de nous sur Facebook »
- « Quand on ne veut pas se mettre en couple sur Facebook »

Le jeune semble ainsi souhaiter que sa vie privée soit étalée sur la toile et considère même que dévoiler ses amours aux yeux de ses contacts est une preuve indéniable d'engagement. Cela peut nous paraître ahurissant, nous qui avons été élevés dans l'idée que les réseaux sociaux constituaient une sorte d'enclave, un vide juridique de la drague où tout est permis. Est-ce pour autant le signe d'une volonté de s'engager plus fortement dans leurs relations ? Nous pensons qu'il s'agit plutôt d'un déplacement de la notion d'engagement. En effet, les jeunes extériorisent leurs sentiments grâce à leurs avatars, à l'âge où nous devions assumer de prendre la main de notre nouveau petit ami lors du bal du 14 juillet. Ils bénéficient ainsi d'une sorte de « sas de décompression » (pour prendre des images compré-

1. Extrait de forumado.com

hensibles, vous qui avez connu le sigle PTT) : se mettre en couple sur Facebook « prépare » l'agora à l'accueillir dans la cour de récréation ou… au bal du 14 Juillet.

Se mettre en couple plus vite, c'est aussi accepter le revers : rompre plus vite… Car les jeunes rompent beaucoup et rapidement. Ils n'hésitent pas à se quitter, alors qu'à leur âge nous faisions la gueule et nous ne nous parlions plus pendant trois jours. De toute façon, pour eux, une relation terminée n'en est pas vraiment une, car ils remettent le couvert les années suivantes. Il n'est pas rare de trouver des témoignages qui se terminent par « en couple depuis notre dernière rupture il y a six mois ». Ce comportement fait écho à l'augmentation du nombre des divorces et des séparations chez les adultes.

## Les divorces en France (données 2011) [2]

- *44,7 % des mariages finissent en divorce à 41,7 ans pour les hommes et à 44,3 ans pour les femmes.*
- *1,6 million d'enfants vivent dans une famille recomposée.*
- *Le ministère de la Justice a déclaré que le nombre de divorces prononcés après moins de trois ans de mariage a augmenté de 50 % entre 1998 et 2003.*
- *On est passé, en France, de 44 738 divorces en 1972 à 152 020 divorces en 2005.*
- *La hausse est également due à la mise en œuvre de la nouvelle procédure simplifiée de divorce en janvier 2005.*
- *Depuis 2005, ce nombre se situe dans les 130 000 divorces par an.*
- *Le nombre de divorces par consentement mutuel a atteint 54 % en 2010.*
- *Les divorces pour faute ont très fortement diminué, de 10 % en 2010 contre 37 % en 2004. En 2011, la proportion est de 1,8 mariage pour 1 divorce.*

2. Source : ministère de la Justice/INSEE.

## 3 - COMMENT SE CHOISISSENT-ILS ?

Sans doute influencés par ces nouveaux comportements relationnels et ces modèles familiaux contemporains, les jeunes ont une manière assez décomplexée de gérer leur vie amoureuse. Ils se testent beaucoup dès leur plus jeune âge, leur premier baiser intervenant en moyenne à quatorze ans (quinze en 1999) [3] ; très exigeants, ils ne laissent rien passer et, à la moindre faille, leur couple résiste mal ; la tentation est alors forte de reprendre leur liberté. Selon le sociologue Jean-Claude Kaufmann, le rapport des jeunes à l'amour a profondément changé, la révolution numérique ayant joué un rôle essentiel dans la mutation des codes amoureux :

« Les 18-34 ans, et plus encore les 18-24 ans, sont nés avec l'idée que tout se maîtrise. On définit sa recherche, on évalue, on compare, on trie… Ils font ça dans tous les champs de l'existence, l'alimentation, le boulot, l'organisation de leur réseau relationnel sur Internet… Et ça ne les bloque pas, ne les choque pas d'envisager la recherche amoureuse de cette manière [4]. »

Ainsi, si vous avez déjà traînassé sur des sites de rencontres – au hasard AdopteUnMec, Okcupid ou Meetic –, vous avez dû remarquer que les critères de recherche sont aussi efficaces qu'un tamis sur de la farine T45 spécial gâteaux et crêpes : avant même d'avoir obtenu un rendez-vous, on sait que la personne avec qui on discute est allergique aux poils de chat, préfère les barbus de 1,80 m, est fasciné par le concept de jachère industrielle, et (ouf) adore la saison 4 de *Game of Thrones*. Appréhender le début d'une relation comme on remplirait un QCM est certes moins romantique – surtout pour les adeptes d'histoires passionnées – mais plus efficace en termes de détection d'incompatibilités…

3. Sondage psychologies.com 2012.

4. Sondage OpinionWay de 2012 commenté par le sociologue Jean-Claude Kaufmann.

## 4 - LES NOUVEAUX COUPLES

Au regard des statistiques, la monogamie éternelle semble être aussi probable que Jésus twerkant à notre arrivée au paradis. Si, en 1960, nous rêvions de rester toute notre vie amoureux de la même personne et de ne désirer qu'elle, les années 1970 et 1980 (et Axel Bauer qui a été un jour sexy) ont foutu un gros coup de pied au cul à l'amour exclusif. Aujourd'hui, les jeunes semblent moins enclins à croire en la possibilité de l'amour unique et éternel. Là où le vieux con se résignerait, à travers des poncifs tels que « On ne peut pas avoir le beurre, l'argent du beurre et le cul de la crémière », l'ado répondra plutôt : « Et pourquoi pas ? » Et il aura bien raison. Qu'est-ce qui empêche les jeunes de former des trios et plus ? (Après tout, notre président nomme bien la mère de ses enfants ministre, recouche avec son ex et sort avec une comédienne.) Au lieu de répondre : « Parce que c'est comme ça, va te coucher même si tu as vingt ans et qu'il est 19 h 30 », voyons plutôt, juste par curiosité, ce qui se fait aujourd'hui en termes de combinaison amoureuse.

### ➝ *Les polyamoureux*

***E***ncore minoritaire, le sujet gagne de l'ampleur sur la toile. Ce sont des libertins du cœur, ils veulent aimer un peu, beaucoup, à la folie. Ces néo-love-is-all tentent l'aventure de « sortir avec plusieurs personnes en toute intelligence », parce qu'on leur a appris que, s'ils voulaient quelque chose, ils pouvaient l'obtenir, à condition de bosser. Alors ils bossent : ils discutent, ils exposent, ils négocient. Qu'importe si la société n'est pas prête, ils se réunissent dans les cafés « poly » pour partager leurs expériences.

### ➝ *Les exclusifs-de-l-amour-mais-pas-de-la-chair*

Ils s'aiment à la folie, mais s'autorisent des écarts sexuels encadrés par des règles préalablement établies. Cela permet de faire retomber la pression dans le couple et de se rappeler (non sans une touchounette d'ego piqué) que si leur amour est acquis, leur corps peut toutefois réclamer des extras.

### *Les vierges jusqu'au mariage*

Ultra tendance aux États-Unis, cette instrumentalisation du corps connaît une poignée d'adeptes en France, même si ceux-ci ne sont pas très bien vus. Pourquoi ? Parce que la France est le pays de l'amour, bordel, parce que faire usage des dons du Seigneur avec plastique et respect n'est pas le gage d'être « quelqu'un de bien » et parce qu'il s'agit d'un choix de différenciation intéressant mais difficile à tenir, à moins… d'avoir une foi inébranlable en **1/** Dieu **2/** le prince charmant **3/** la compréhension du prince charmant qui signera le bon de commande les yeux on pourrait dire « fermés »…

## B L'AMOUR, C'EST TOUJOURS LE GRAAL ?

Ça serait quand même une SACRÉE avancée si les jeunes avaient trouvé le moyen de ne plus mettre l'amour au centre de leur vie, une découverte à laquelle il aurait fallu consacrer au moins une encyclopédie *Encarta* entière. Alors nous tenons à vous rassurer : oui, trouver l'amour est toujours l'objectif ultime chez les jeunes. Comme pour nous, pour nos parents, Platon, Lucy, D'Artagnan, René Coty et Angelina Jolie. Pour preuve et afin de vous rassurer définitivement, nous vous avons traduit les couplets des hits ultra téléchargés chez les treize-vingt ans. Vous allez voir, certaines choses changent… d'autres non.

« Oh dis-moi, dis-moi, dis-moi
Comment gagner ton amour
Tu peux obtenir, obtenir tout ce que tu veux
Bébé il te suffit de le crier, le crier
Bébé il te suffit de le crier, ouais. »

***One Direction, « Kiss You », 2012.***

« Je donne le meilleur de moi-même
pour ne pas me lamenter
Pour ne pas regretter
Je donne le meilleur de moi-même pour ne pas me lamenter
Ne pas abandonner. J'y suis arrivé donc tu peux y arriver. »

***Keen'V, « La vie du bon côté », 2013.***

« Tu souris, je souris.
Oh parce qu'à chaque fois que
Tu souris, je souris (ouais). »

***Justin Bieber, « U Smile », 2010.***

Parenthèse « réflexe anti-vieux con » : vous êtes en train de rire de ces paroles, car vous les trouvez aussi creuses que la gorge de Bettie Page in Deep Throat ? Stop ! Rappelez-vous, pour chaque remarque malveillante faite à la jeunesse, que de notre temps ce n'était pas mieux :

« Laisse-moi murmurer à ton oreille
Angie, Angie, où cela va-t-il nous mener ?
Oh, Angie, ne pleure pas, tes baisers ont toujours
un goût de sucre
Je déteste cette tristesse dans tes yeux. »

***The Rolling Stones, « Angie », 1973.***

« Je ferai de mon mieux, bébé, tu ne vois pas ?
Mets-moi à l'épreuve, essaie-moi. »

***Abba, « Take a chance on me », 1977.***

« Eh bien, tutti frutti, oh Rudy, tutti frutti, oh rudy
Tutti frutti, oh Rudy, tutti frutti, oh rudy
Tutti frutti, oh rudy
Wop-bop-a-loom-a-blop-bam-boom. »

***Elvis Prestley, « Tutti Frutti », 1956.***

« Darlin' faisons l'amour ce soir
Tous deux immergés dans le noir
Car ton corps m'appelle
Désir charnel
Des plaisirs charnels. »

***Poetic Lover, « Prenons notre temps », 1997.***

Les jeunes d'aujourd'hui, tout comme nous en rêvions à leur âge, sont donc en quête d'amour et de sentiments puissants. Avec leurs premières amours, ils sortent de l'Œdipe et se rendent compte qu'ils peuvent aimer en dehors de leur famille. Ils sont romantiques, impliqués émotionnellement ; en témoignent les textos enflammés qu'ils s'envoient, utilisant les mots « aimer » et « toujours » (signifiant « au moins jusqu'à demain, car je suis en pleine construction de ma personnalité, mais je n'en ai pas conscience »). Contrairement à ce qu'on imagine, ils ne pensent pas qu'au sexe ; d'après les résultats d'un sondage réalisé en 2012 par psychologies.com, l'âge de la première relation sexuelle est passé de quinze ans (ce qui nous fait passer non seulement pour des vieux cons, mais aussi pour des papys porcs) à dix-sept ans (petits agneaux mignons). Comme nous, avant de savoir que Kool Shen était féru de jeunes fans dans les loges, ils tombent régulièrement fous d'amour de chanteurs ou de chanteuses, qu'ils écoutent susurrer des paroles portant non pas sur les gang bang ou sur l'amitié, mais bien sur l'amouuur. Ils dévorent *Harry Potter* et plébiscitent les teen movies, comme *Hunger Games*, *Veronica Mars* et, évidemment, *Twilight*, qui a provoqué des tsunamis d'émotions dans les cœurs et fait pulser les mimis de millions adolescents.

## Pourquoi les jeunes aiment Twilight

*Un peu comme pour Kev' Adams, le vieux con trouve généralement cette saga pourrie. O.K., il n'est clairement pas la cible visée (difficile de s'identifier à l'héroïne Bella quand on est un post soixante-huitard ventripotent). Mais* Twilight *a littéralement déchaîné les passions des adultes, qui pour la plupart ont rangé la trilogie dans la bibliothèque* des pires navets de l'histoire. Pourtant, la franchise a récolté 19 millions de spectateurs en France et 3,3 milliards de dollars de recettes à travers le monde. Si, dans un réflexe « anti-vieux con », nous nous y penchions, plutôt pour tenter de comprendre cet engouement au lieu de jeter au feu un succès commercial et émotionnel ?

**Les jeunes romantiques aiment les amours impossibles** (syndrome Roméo et Juliette). Dans le cas Twilight, un vampire immortel, une humaine mortelle, il y a plus simple pour constituer un dossier pour un logement.

➳ À retenir : si vos parents sont racistes, résistez-leur, mais choisissez quand même le dandy vampire au gars normal juste un peu bronzé qui se transforme occasionnellement en loup.

**Les jeunes complexés aiment penser que la différence physique est un obstacle surmontable** et qu'à cœur vaillant rien d'impossible.

➳ À retenir : même si vous êtes une petite bourriche avec un physique d'huître, vous arriverez à mettre votre langue dans une cavité chaude.

**Les jeunes hystériques aiment l'abnégation et les rebondissements** comme autant de souvenirs qui se créent pour « longtemps », « longtemps » comme « amour pour toujours sans divorce ».

➳ À retenir : les parents devraient s'insurger du caractère complètement réac de Twilight.

**Robert Pattinson a un nom de vieux, mais un cul de jeune.**

➳ À retenir : les jeunes qui ont un nom de vieux sont des gens qui ont de l'argent.

Beaucoup de romantisme et de « jusqu'auboutisme », un peu de perversion narcissique, un soupçon de défiance envers le monde adulte : tiens, c'est marrant, cela ressemble bien aux caractéristiques des ados. Tiens, c'est marrant, si les parents avaient un peu moins craché sur cette épopée teen, ils auraient peut-être évité des jours de mutisme (pour faire comme Bella), des manches déformées à force de les tirer (pour faire comme Bella), des regards lointains sans raison (pour faire comme Bella) et des mauvais choix de petits copains mal famés (pour faire comme Bella).

## Ⓒ IT'S ALL ABOUT SEX ?

La jeunesse est surprenante et rafraîchissante, même dans des domaines où nous croyons notre expérience *de facto* bien plus aboutie. Nous avons grandi avec la pression du « Tu l'as fait, toi ? », parfois la tentation de mentir à propos des détails de la première fois (« Il m'a emmené à l'hôtel ») que nous pensions absolument crédibles (alors que si nous nous étions écoutés, nous aurions rapidement réalisé que deux adolescents de quinze ans qui demandent une chambre à l'hôtel, cela n'est pas crédible, à part dans une chanson de Joe Dassin ou dans la vie de Jean-Claude Romand). Le premier rapport sexuel était laborieux, il l'est certainement toujours, mais la différence est que les enfants ont des accès illimités à la Fibre Orange et à des tutoriels Youtube pour TOUT. C'est ce qu'on appelle avoir « une longueur d'avance »...

Ce n'est pas être un vieux con que d'admettre que les temps ont bien changé et que la sexualité a bien évidemment évolué, elle aussi (d'ailleurs, après avoir tendu l'oreille, nous avons récolté une information capitale : la fellation est souvent une pratique bien antérieure au rapport). Faut-il s'inquiéter des nouvelles mœurs ? Oui, si vous êtes les parents d'une jeune fille déjà méga bonne à dix ans, qui vous demande la pilule alors qu'elle n'a pas encore ses règles ; non, si on considère que notre époque est bien plus moderne et respectueuse qu'on ne le croit :

- Aujourd'hui, une fille décide si elle veut ou non avoir une vie sexuelle.
- Aujourd'hui, une fille peut consulter gratuitement un médecin pour se protéger.
- Aujourd'hui, en cas d'accident, une fille peut avorter (même si les conditions sont encore à améliorer).
- Aujourd'hui, une fille peut coucher avec plusieurs mecs/meufs et trouver un mari ensuite, ou pas, enfin elle fait ce qu'elle veut.
- Aujourd'hui, les filles ont leur premier rapport sexuel à dix-sept ans et demi, les garçons deux mois avant. C'est bien plus tôt qu'il y a

cinquante ans, où les jeunes voyaient le loup à vingt et dix-sept ans [5] ! Mais pensez qu'il y a trois siècles le droit ecclésiastique autorisait les fiançailles à partir de sept ans, le mariage à partir de douze ans pour les filles (quatorze pour les garçons). Donc ÇA VA ! La grande révolution, c'est que les hommes et les femmes font désormais l'amour au même moment de leur adolescence, un peu avant la majorité, comme pour dire : « Ça y est, plus que le permis, le bac et j'suis bon. »

L'apparition d'Internet a très certainement changé l'apprentissage et le rapport au sexe. En 1984, nous ne demandions pas à nos parents : « C'est quoi, cette bouteille de lait ? C'est quoi le point G, papa ? Tu me montres ? » Nous avions *Il était une fois la vie*, deux ou trois *Playboy*, le film érotique de M6 le dimanche soir et les six tomes de l'encyclopédie *Encarta*. Aujourd'hui, les jeunes ont Google, Wikipédia, Youporn, Redtube, Google images, Gonzo Movies, StreamSex, Pornorama, Pornhub… Cela vous terrorise ? Alors ne lisez pas la suite, parce que nous avons relevé quelques faits étonnants issus d'une infographie américaine fascinante sur l'industrie du porno sur le web [6].

- 1 visiteur de site pornographique sur 3 est une femme.
- 25 % de toutes les requêtes demandées aux moteurs de recherche sont en relation avec la pornographie.
- Un enfant visionne son premier film à un âge moyen de 11 ans.
- 1 ado sur 7 visite régulièrement un site porno.
- Chaque seconde, en Amérique, 28 258 internautes sont en train de visionner du porno.

Alors, avant de mourir d'une crise cardiaque parce que ce monde est beaucoup trop sexué et dangereux à votre goût, dites-vous qu'au moins les jeunes sont moins naïfs qu'avant ! Et puis, le fait d'avoir accès à beaucoup d'informations théoriques et d'images ne signifie pas pour autant que les passages à l'acte se multiplient. De la même façon qu'un adolescent possède les capacités neurologiques de com-

5. Source Ined (Institut national d'études démographiques), 2013.

6. http://thenexties.com/tout-ou-presque-sur-industrie-pornographique-en-ligne-14391-20131025

prendre la différence entre la réalité et la fiction (et comprendre alors qu'Harry Potter n'existe pas pour de vrai et que personne ne se transforme vraiment en mutant vert de la guerre froide quand il est en colère), ils sont capables de faire la différence entre porno et relations sexuelles. Les jeunes n'ont pas beaucoup plus d'expériences « pratiques » depuis la systématisation d'Internet pour TOUTE RECHERCHE qu'auparavant – du moins en ce qui concerne les hommes, dont le nombre moyen de partenaires au cours de leur vie est resté à 11,6 depuis 1970 [7]. Les femmes, en revanche, ont connu une augmentation du nombre de leurs partenaires dans leur existence, passant de 1,8 dans les années 1970 à 3,3 en 1992, puis à 4,4 en 2006 – en raison, sans doute, de la libéralisation sexuelle et du changement de mœurs, comme le fait de ne plus être obligée de se marier pour vivre seule, ou d'avoir le droit de divorcer, ou de pouvoir avaler une pilule contraceptive plutôt qu'une couleuvre.

## Premier baiser, échangé, sur une plage, en été ?

- *Âge du premier baiser : quatorze ans (75 % des filles)*
- *Choix du partenaire sexuel :*

*Pour les filles* :
- *67 % avec leur petit ami,*
- *14 % avec un copain,*
- *13 % avec une rencontre de passage.*

*Pour les garçons* :
- *68 % avec leur amie du moment,*
- *23 % avec une copine compréhensive,*
- *2 % avec une amie des parents,*
- *1 % avec une prostituée.*

- *79 % des filles sont amoureuses lors de leur premier rapport, contre seulement 53 % des garçons.*
- *22 % des filles ont un orgasme la première fois, contre 75 % des garçons.*

7. *Contexte de la sexualité en France*, enquête réalisée en 2006 par une équipe de chercheurs en sociologie, démographie et épidémiologie de l'INSERM (Institut national de la santé et de la recherche médicale), l'Ined (Institut national des études démographiques), du CNRS (Centre national de la recherche scientifique), de l'INVS (Institut de veille sanitaire) et de l'université.

Le vrai souci avec cet accès illimité à la pornographie et à de nombreuses images choquantes est donc l'âge très précoce auquel les jeunes y sont aujourd'hui exposés. Il en va de la responsabilité de tous (parents, professeurs, fabricants de smartphones) d'adapter le web au jeune public (cela dit, le journal de 20 heures peut suffire à traumatiser un enfant : on y voit finalement plus de morts que sur le web).

## BILAN

*Rangez vos stylos, l'interrogation est terminée. Détendez-vous, comme le font les jeunes modernes. Ceux-ci ne croient plus en l'amour éternel dans la vraie vie, ils le laissent à* Twilight *et se fomentent un quotidien où l'exigence prend le pas sur le confort – en toute logique pour cette génération des enfants rois qui, devenant adultes, comptent bien rester maîtres en leur royaume. Si le vieux con est un peu dépassé par les amours adolescentes, nous tenons à le rassurer : le cœur des jeunes fonctionne de la même manière que le sien, il est simplement un peu plus ouvert et un peu plus musclé ; plus enclin, par exemple, aux expériences homosexuelles qui n'exposent plus forcément les jeunes aux jets de pierres et à la mise au ban de la société des copains du collège… Tout ça grâce à l'évolution des mœurs, aux médias et à Internet, à Abdellatif Kechiche et au concept de la liberté qui grappille du terrain de génération en génération. Hamdoullilah !*

LE POINT DE VUE DE

# JULIA VIGNALI

***Trente-huit ans, en paraît dix de moins, animatrice, journaliste et auteure du livre* Et toi, tu fais comment ? À la rencontre des nouveaux parents.**

*Signes distinctifs :* drôle, jolie, maman et jolie.

***C'est quoi, pour toi, être un vieux con ?***

Pour moi, un vieux con, c'est quelqu'un qui a oublié qu'il a été un jeune con. Franchement, il fallait nous voir faire les pimbêches à dix-sept, vingt-cinq, trente ans ! On est toujours le jeune con d'un vieux con, c'est un cycle normal, comme les bourgeons au printemps et l'été en été !

***Comment ne pas le devenir ?***

Il faut soit s'enfermer dans un ranch géant et faire pousser son maïs, vivre de ses cultures en autarcie et refuser de se montrer à quiconque, parce que ça reviendrait à montrer qu'on est devenu un vieux con, soit accepter de rester éternellement un jeune con. Être inconscient et avoir du « toupet », c'est faire preuve de jeunesse éternelle. Ça n'a rien à voir avec la gravité de la poitrine, en somme !

***Est-ce qu'il y a un évènement qui t'a déjà fait dire : « Ah, là, je suis en train de passer de***

***l'autre côte de la barrière » ?***

Tout à fait. Je me fais une autodécharge électrique de stupeur à chaque fois que je commence une phrase en disant : « Écoute-moi bien, je vais te dire quelque chose », comme si ce début de phrase me conférait une sorte d'autorité suprême, alors que je sais au fond de moi qu'il ne s'agit que de bluff, parce que je ne suis pas sûre de grand-chose, en réalité !

### *Tu es maman, est-ce que ton fils se comporte déjà parfois comme un adolescent ?*

Mon fils a sept ans et c'est encore un bébé chat qui n'aime pas trop les abeilles et me checke quand je suis à plus de 25 m de lui, qui bave devant les glaces à l'italienne à la plage et voudrait bien dormir avec moi, mais le tout avec une tablette numérique greffée à la main. Et ça, c'est hyper flippant. Surtout que je suis vraiment une buse en informatique, du coup il est mon tout petit réparateur de même pas huit ans : flippant.

### *Es-tu une maman cool ?*

Étant donné que j'ai un emploi du temps chargé mais que je refuse pour autant de ne pas m'occuper de mon fils, il faut que cela file droit. Mais je crois qu'avec mon métier, je suis assez connectée aux préoccupations des gens, ce qui fait de moi une maman vraiment à l'écoute, enfin je fais le maximum en tout cas. Je suis une maman sévère mais juste, donc cool !

### *Aurais-tu quelque chose à dire à ton toi d'il y dix ans, et celui d'il y a vingt ans ?*

En repensant à mes anciens moi, une information principale ressort de mon analyse : j'étais une vieille conne quand j'étais jeune, je me sentais pleine de certitudes, d'avis définitifs et avec un temps d'avance sur le reste du monde. Maintenant, je réalise que je prends les choses avec plus de légèreté, je me dis : « O.K., j'ai un problème, comment puis-je le régler ? » et pas : « C'est la faute du monde entier si un obstacle se présente sur mon chemin. » En fait, c'est maintenant que je me détends…

### *Est-ce que ta vision de l'amour a évolué ?*

Oui, mais je pense que c'est la même évolution que pour à peu près tout le monde. On a des grands principes et puis la théorie se prend une auto-tamponneuse en pleine face, et il faut revoir sa manière d'appréhender ses acquis. C'est là, je pense, qu'on peut se montrer à soi-même si on est un vieux con, ou pas. Mais il n'y a qu'en vivant, donc en vieillissant, qu'on peut arriver à comprendre ça.

### *As-tu peur de vieillir ?*

Non, parce qu'on n'a pas peur de vieillir quand on aime et qu'on est aimé. C'est aussi un truc que l'on comprend avec l'âge. Ce n'est pas du tout qu'on prend du recul, c'est juste qu'on sait identifier ce qui nous angoisse et qu'on essaie d'agir en fonction.

### *Une conclusion ?*

Oui… Il y a un vrai avantage à vieillir – tant mieux, puisqu'on n'a pas le choix : on accepte sa propre connerie avec bienveillance et tendresse au lieu de se flageller sans identifier plus en profondeur les choses qui nous causent des problèmes. J'espère ne jamais devenir un vieux con, vous m'aiderez à tenir le cap ?

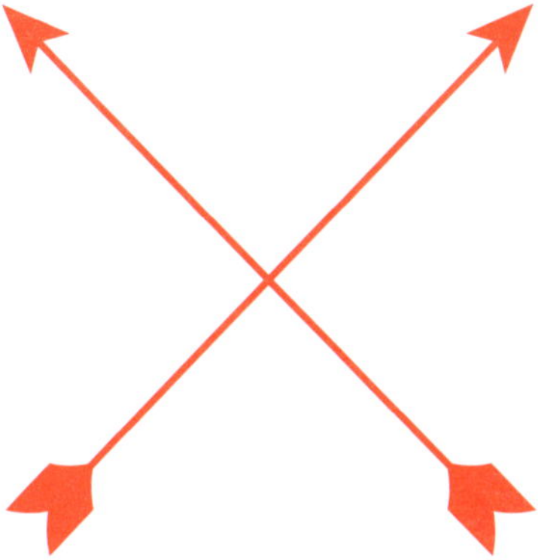

7

# L'IDOLE DES JEUNES

*J'aimerais que le jeune n'oublie jamais*
*jamais jamais jamais*
*Que sans le baby-sitting de mes enfants*
*Il n'aurait jamais d'argent*
*Pour aller aux concerts qu'il aime tant.*

Vous souvenez-vous, peut-être avec nostalgie, et sans doute avec gêne aussi, de ces hommes et de ces femmes que nous adulions quand nous étions jeunes ? Nous collectionnions irrationnellement les tickets de leurs concerts, leurs posters et fiches Star Club, les informations et les articles les concernant ; nous leur envoyions des lettres enflammées, attendions de longues heures durant pour atteindre et garder loyalement le premier rang de leurs shows ; tout notre argent de poche y passait…
Depuis, nous avons pris du recul et notre hystérie a peu à peu été remplacée par du respect et de l'admiration ; nous sommes allés jusqu'à oublier qu'à l'époque des DST et de *Le mardi c'est permis*, nous étions nous aussi de vrais fans hystériques…

Aujourd'hui, plus distants, plus cyniques, depuis notre perchoir nous regardons avec désolation la jeune génération, nous moquant de ses comportements parfois excessifs devant ses idoles… Vous l'avez reconnu, le syndrome « vieux con » est toujours là, pouvant atteindre les meilleurs d'entre nous dans ce domaine ; le « phénomène Justin Bieber » y est un vrai cas d'école ! Car oui, toi le vieux con, actuel ou en devenir, tu es peut-être dépassé par l'engouement de milliers de jeunes filles pour ce jeune homme et ricanes de les voir s'évanouir à chacune de ses apparitions. Mais tu oublies que des milliers de jeunes filles, peut-être de TA génération, ont sangloté, se sont époumonées en hurlant le nom de quatre Londoniens de légende en 1962, ou des 3T, ou des 2Be3, ou des S Club 7… Tentons donc ici d'éviter à nouveau les pièges qui nous transforment en vieux con, tout ça parce que notre culture ou notre grand âge nous rend hermétiques à un phénomène populaire.

## Beatles/Justin Bieber : même combat ?

*Il est encore un peu tôt pour comparer la musique des Beatles, géniaux mélodistes devenus des légendes, et celle de Justin Bieber, qui en est encore aux balbutiements de sa carrière. Retenons simplement que la qualité de la musique, comme bien des formes d'art, ne saurait être objectivement jugée ni seule déterminante du génie d'un artiste. La seule indication recevable n'est-elle pas celle de sa longévité et sa popularité à travers le temps ? D'un phénomène populaire spécifiquement adressé à une tranche d'âge, à l'image des Beatles qui était le groupe préféré des prépubères dans les années 1960, les vraies légendes de la musique sont celles qui ont su transcender les générations et survivre aux époques, qu'importe le style ou la qualité de la musique... Nous attendrons donc quelques années pour déterminer si Bieber est, oui ou non, un génie. Suspense... On lui souhaite le même destin que l'autre Justin (Timberlake) qui, raillé en 2000, est aujourd'hui le meilleur pote de Cameron Diaz, sans arrêt invité au show de Jimmy Fallon, et sacré « Artiste masculin préféré » des prestigieux People's Choice Award 2014 ».*

# A FAN D'HIER ET FAN DE DEMAIN

## 1 - LE BESOIN D'IDOLE

Le propre de l'enfant est d'avoir la capacité de croire en l'impossible, le tout avec la conviction d'un adulte. Sa naïveté est parfois inquiétante : comment peut-il penser qu'une star est son amie alors que le seul contact qu'il a avec elle se réduit à quelques conversations avec ses posters ? Il en va de même pour ce tour de magie qui pousse l'enfant à imaginer qu'un bonhomme centenaire ventripotent va descendre par la cheminée pour lui offrir des cadeaux… contre du lait et une orange (normal que nous soyons traumatisés, une fois adultes, lors de notre premier rendez-vous au Pôle Emploi).

C'est sans doute parce qu'il aime les histoires merveilleuses, et ce, dès son plus jeune âge ; il commence ainsi vers trois ans à s'identifier à des superhéros, sortis tout droit d'un Comic, d'un dessin animé ou de la bouche de ses parents – des adultes qui décident sciemment de mentir à leur progéniture… Puis, peu à peu, en grandissant, devenant de plus en plus lucide sur la vie, il abandonne ses premières icônes ; aduler quelqu'un qui n'existe pas, c'est finalement un peu triste. Perdu et en manque de repères, le jeune adolescent se met à chercher quelque chose à adorer, à admirer, à surestimer – l'être humain a besoin d'idoles comme les fleurs du soleil et les chatons de croquettes molles.

C'est là qu'interviennent les stars. C'est là que naissent les fans [1].

Le fan puise ses racines dans celles de l'humanité ; à toutes les époques, tous les *Sapiens* ont trouvé le moyen de porter quelqu'un ou quelque chose aux nues pour le plaisir. Aussi loin que remontent les premières traces du bipède, nous trouvons des traces de groupies. Bien sûr, il ne s'agissait pas des mêmes idoles et même si l'image d'Homère qui autographie l'*Iliade* d'un « Kiss kiss from Hom' » nous plaît, les vraies stars quelques siècles avant Jésus-Christ n'étaient ni les artistes, ni les chanteurs ni même les beaux gosses : c'était plutôt des concepts, des idées et des images érigés pour la première fois par les polythéistes. Bon, nous n'allons pas retracer l'histoire entière de l'idolâtrie sous peine de vous endormir avec des discours théologiques compliqués ; ce qui est certain, c'est que les médias de masse ont fortement contribué à développer le concept de la « fan attitude » – il est vrai qu'orienter une propagande est plus facile *via* un journal tiré à 400 000 exemplaires que par le bouche-à-oreille. Dans les années 1960, les maisons de disques ont ainsi utilisé tous les outils à leur disposition – magazines, radios et Claude François –

1. Si le terme « fan » est une abréviation du mot « fanatique » (qui adhère à une cause ou à une doctrine religieuse, politique ou philosophique, avec une conviction absolue et irraisonnée et un zèle outré poussant à l'intolérance et pouvant entraîner des excès). il est très souvent accolé dans l'imaginaire populaire – surtout depuis la magique émission présentée par Séverine Ferrer – à la vision d'un ado qui crie sans avoir mué ; nous l'utiliserons donc dans ce sens-là.

pour diffuser l'image et le son de nouveaux messies pour teenagers et ainsi créer du bruit favorable autour de leurs poulains.

## 2- UNE « FAN ATTITUDE » QUI TRANSCENDE LES GÉNÉRATIONS

Les fans du passé et les fans d'aujourd'hui partagent une foi, une énergie commune tournée vers une même direction, accompagnée d'une dévotion naïve et totale envers leur idole. Dans les années 1920, le bel acteur italo-américain Rudolph Valentino déchaînait déjà les passions : les adolescents étaient fous de lui, les filles criaient, les garçons lui volaient ses répliques, ses fringues et sa moustache de dix millimètres. Des hordes de fans ont dû être contenues par la police lors des funérailles prématurées de l'acteur, dont la mort engendra de nombreux suicides de jeunes filles désespérées [2]. Ce type de comportement (sentiments amoureux, suridentification, adoration) parfois extrême (agression, suicide) se retrouve tout au long du XX^e^ siècle : John Lennon a été assassiné par un fan l'accusant d'être le sauveur de l'humanité ET traître (il avait en effet commencé à se consacrer un peu à sa famille au détriment de son implication musicale, le petit bâtard) ; un admirateur de Mylène Farmer agressa mortellement une standardiste pour obtenir l'adresse de son idole. Ces cas sont heureusement isolés et relèvent plutôt de la psychopathologie ; si les fans étaient tous fous, plus personne ne voudrait devenir une star, il n'y aurait plus de téléréalité, Benjamin Castaldi n'aurait plus de travail et NRJ 12 mettrait la clé sous la porte. Et puis les anecdotes d'agressions sur les célébrités se font plus rares aujourd'hui (bon, elles essaient le plus souvent d'étouffer ce genre d'affaires pour ne pas tenter d'autres petites personnes déséquilibrées).

On remarque toutefois que les fans adultes sont beaucoup moins nombreux que les fans adolescents, comme s'il y avait une sorte de circoncision de la naïveté ; seule une poignée d'anciens fans sont encore capables de ressentir l'enchantement qui les touchait plus

2. Sur le thème des adolescents, voir l'excellent documentaire *Nous, les ados* de Matt Wolf (2013).

jeunes, continuant à se battre pour voir Johnny de près. Mais même ces générations de fans peuvent ne pas se comprendre, les uns pestant qu'un sujet entier soit consacré aux fans de One Direction à la télévision, les autres se moquant des récits du tonton au tee-shirt Johnny sur sa Harley. Tous font pourtant partie de la même équipe.

## 2 - RELATION FAN-IDOLE 2.0

Ce qu'il y a d'intéressant avec les fans « nouvelle génération », c'est qu'ils ont un contact plus direct avec leurs idoles. Avant l'arrivée d'Internet, nous avions des nouvelles de nos chanteurs par le biais des émissions de télé où ils étaient invités, ou dans la presse *via* des interviews ou des photos volées. Depuis l'arrivée fracassante des réseaux sociaux, les chanteurs, acteurs ou comédiens adulés par la jeune génération ont cassé les codes traditionnels de la communication, plaçant leurs fans au cœur de la machine ; ils leur demandent souvent leur avis, diffusent des photos exclusives, leur livrent parfois leurs états d'âme et partagent leur quotidien avec eux. Miley Cyrus met ainsi en ligne des selfies croustillants, Zac Efron écrit des cryptotweets sur son ex, Lady Gaga a carrément créé un réseau social dédié à sa communauté « Little Monster », Rihanna floode ses abonnés Instagram avec des photos de sa personne à la plage, au supermarché, avec un joint à la bouche, avec son grand-père, de retour à NYC, avec un joint à la bouche, dans son jet, au supermarché, avec un joint à la bouche, etc. Le fan d'aujourd'hui a ainsi l'impression qu'il est en communion particulière avec l'objet de son fantasme, qu'il fait presque partie de l'intimité de son idole.

La nouveauté, c'est que les différentes communautés de « fans » s'affrontent sur la toile à la manière de « clans » : c'est le cas entre les « beliebers » (les fans de Justin Bieber, voir p. 171) et les « directioners » (les fans des One Direction). En étant plus vieux, nous pouvons trouver que se battre pour des chanteurs est vraiment puéril et ridicule, « chacun ses goûts et les vaches seront bien gardées ». Mais, à la réflexion, ce genre de gang existe dans tous les domaines, les rivalités PS/UMP, OM/PSG utilisent les mêmes armes que les prépubères qui s'insultent à coups de « C'est nous les mieux parce qu'on est les plus forts ». Admettons que nous aussi, parfois, quand nous aimons très fort quelque chose, de façon irrationnelle… comme l'équipe de France, nous pouvons développer des comportements aussi étranges que ceux des nouveaux fans.

## B ZLATANER LES PRÉJUGÉS DU VIEUX CON

### 1 - T'AS LES NERFS, T'AS LES [...] T'AS LES [...] DE [...] QUI PENDENT

Si les vieux cons ont les boulasses envers les jeunes et les critiquent autant – eux et leurs idoles, ce n'est pas parce qu'ils sont méchants, mais simplement parce qu'ils sont malheureux. En effet, avant, c'était eux qui se ruinaient en goodies et qui s'endormaient avec le dernier numéro de SLC sur le coeur, eux qui vivaient leur minute de gloire lorsque les journalistes de télévision s'agglutinaient autour d'eux pour savoir si « ce dernier Bercy est au niveau de vos espérances ? » Ils se repassent d'ailleurs en boucle la bande VHS enregistrée pour se voir jeune, encore et encore… Mais, même si les plus hardis continuent aujourd'hui encore à se rendre aux concerts vêtus de tee-shirts à l'effigie du dieu vivant, il n'y a guère plus que *Le Petit Journal* pour venir les accoster – et, connaissant leur ligne éditoriale, il n'y a pas de quoi se vanter. Ils ont réalisé avec aigreur qu'ils ne sont plus dans le coup, que tout le monde se fiche de leur artiste préféré – ce n'est pas Franck Michael qui nous contredira. Au chômage technique de fanatisme, il ne leur reste plus qu'à cracher sur les jeunes et à critiquer leurs idoles pour expurger leur aigreur. Vieux cons de tout pays, mobilisez-vous contre cette attitude !

### 2 - SI J'EXISTE, C'EST D'ÊTRE FAN (CHORUS X 4)

Rappelez-vous ces quelques choses essentielles :

- Être fan implique qu'il faut être disposé émotionnellement à recevoir et à donner, donc à ne pas être blasé, donc à ne pas être MORT (raccourci grossier mais efficace).

- Être fan est une étape classique et nécessaire vers l'affirmation de ses goûts et de ses idées, le tout dans une relation gagnant/gagnant. En effet, si avoir des fans permet aux artistes de les rallier à leur cause – comme le font Gaëtan Roussel ou Francis Cabrel pour dénoncer l'utilisation massive de pétrole et les papiers gras – lors de tournées qu'ils effectuent en bus, les fans peuvent se servir de leur star pour faire passer un message au monde qui l'entoure. Ainsi, être membre de la fanbase de notre petite sorcière bien-aimée Mylène Farmer permet d'annoncer plusieurs choses au monde extérieur :

→ Avec un billet de concert : je suis une vieille petite fille.

→ Avec un tee-shirt : je suis une célibattante casse-couilles.

→ Avec un cd : papa, maman, je suis gay.

→ Avec une chorégraphie sur le bout des doigts : je suis tout ça à la fois.

Les thèmes que vous avez jadis fredonnés reviennent souvent sur le dessus du panier ; il serait donc malvenu de critiquer la jeune génération d'artistes qui, en général, abordent les mêmes sujets qui ont fait battre votre cœur. Rafraîchissez-vous la mémoire :

- **New Kids on the Block**, « Pas à pas, ouh bébé ».
- **Patrick Bruel**, « Qui a le droit de faire ça, à un enfant, à qui l'on ment ».
- **Sabrina**, « Les garçons, les garçons, les garçons, je cherche du bon temps ».
- **Shaun Cassidy**, « Da doo run run ».
- **Hélène Rollès**, « Une fille, ça a le cœur rempli de chansons, qui refleurissent à toutes les saisons, pour l'amour d'un garçon ».
- **Wham !**, « Au club Tropicana les boissons sont gratuites ».
- **Bon Jovi**, « Ouais, je t'aimerai bébé, toujours, jusqu'à ce que les mots riment plus ».
- **Lorie**, « Sous leurs airs innocents, ce sont des vrais brigands » (NDA : les garçons).

- **Stomy Bugsy**, « Mon papa à moi est un gangster ».
- **Michel Sardou**, « C'est tout de même moins inquiétant de parler du mauvais temps en chantant ».

On vous laisse quelques lignes blanches pour compléter :

Rites de passage, de la vie adolescente à celle d'adulte, solitude, amour, drogue, amitié, etc., les paroliers ne s'adressent pas aux vieux, mais aux jeunes, et c'est peut-être là le point le plus intéressant de ce chapitre (même si les autres points sont bien aussi). Quand Sheila chantait « L'heure de la sortie », les cinquantenaires ne se trémoussaient pas de joie… Ils trouvaient juste qu'elle avait l'air cruche et que sa robe était trop courte. La vie est un passage de relais.

Être fan de Baptiste Giabiconi ou de Claude François, même combat. Baptiste Giabiconi : beau gosse issu d'un milieu populaire, petit strabisme convergent, a commencé sa carrière publique en tant que muse de Karl Lagerfeld, rêvait de devenir chanteur, est devenu chanteur, remplit des Zénith avec des chansons on ne peut plus populaires, dont voici un extrait :

« C'est parce que je te aime mon amour
Parce que je te aime pour toujours
De plus en plus fort lalala
Jamais plus encore lalala [3]. »

Si vous n'avez jamais entendu parler de Baptiste Giabiconi, cela va venir, vous ne pourrez pas passer à côté de son 1,95 million d'abon-

3. « Je te aime », single issu de *Un homme libre* , premier album de Baba.

nés sur Twitter, qui voient en ce garçon simple la réincarnation d'un messie de l'amour. Vie privée préservée, on ne sait pas trop s'il a une copine, s'il est gay, s'il a le syndrome de Peter Pan ; il fait penser à un autre gazier du même acabit en son temps : Cloclo. En effet, si ce dernier avait vécu jusqu'à Instagram, il aurait inondé nos flux de selfies tatoués, en contre-plongée, à la manière de Giabiconi. Pourquoi les fans adolescentes se déchaînaient-elles à l'époque ? À cause de ça :

« Belles, belles, belles, comme le jour
Tulululililu
Belles belles belles comme l'amour
Tulululililu. »

Des refrains simples qui parlent des filles, des filles en mal d'amoureux, qui envoient des « Je t'aime » en commentaire sur le profil Facebook de Giabiconi ou jadis par lettre recommandée à Cloclo : si les modes changent, le besoin d'amour et de mots de miel fera toujours recette…

## Les phrases typiques à ne pas dire à un jeune fan…ou pourquoi le vieux con ferait mieux de claquer sa mouille à tout jamais.

- *« Mais c'est de la merde en boîte, ce truc. » (Oui, parce que le disco, en revanche, c'était chic et profond, c'est vrai !)*
- *« De mon temps, il y avait des vrais groupes, pas des tubes débiles et vulgaires. » (Oui, « À la queue leu leu » et « Daniela » sont des tubes de 2014…)*
- *« Aujourd'hui, les stars, c'est des produits marketing. » (C'est bien connu, quand Marilyn faisait des punchlines sponsos par Chanel, c'était… ?)*

## C LES IDOLES MODERNES

### 1 - LES CRUS 2010-2014

Vous avez enfin accepté ou, du moins, reconnu que les idoles des jeunes d'aujourd'hui valent bien celles de votre jeunesse. C'est bien, mais il faut passer la vitesse supérieure et vous montrer curieux [4] : qui sont-elles ?

#### TAL (VINGT-CINQ ANS)

**Pourquoi elle est cool :** si Shy'm était une Barbie, Tal serait Skipper, sa petite sœur cool. La chanteuse franco-israélienne enchaîne les cartons pop en chantant et en dansant. Elle est guitariste et pianiste autodidacte et, ça, c'est plutôt la classe.

**Pourquoi elle est l'idole des jeunes :** parce qu'elle danse et sourit beaucoup, qu'elle est naturelle, qu'elle a une très belle qualité de cheveux, que ses références sont Michael Jackson et Aretha Franklin et que ses textes sont plutôt positifs.

**À écouter :** « Le sens de la vie ».

#### MILEY CYRUS (VINGT-DEUX ANS)

**Pourquoi elle est cool :** c'est sûrement la Madonna des années 2010, avec ses poses lascives et provocantes, alors qu'on lit au fond de ses yeux bleus que c'est une vraie romantique. Elle est née dans le Tennessee et sa marraine, c'est Dolly Parton. Elle a une maladie cardiaque et ne s'en plaint jamais. Pour terminer, elle est devenue indépendante financièrement à neuf ans.

**Pourquoi elle est l'idole des jeunes :** sa musique est plutôt cool, mais elle ose surtout faire tout ce que les adultes n'oseraient plus faire (comme mettre un short beige en latex). Elle est l'illustration

4. La curiosité est un trait de caractère et la science la considère généralement comme très positive car elle aide à comprendre ce qui nous entoure et donc à avancer. Dans notre cas précis, nous pensons aussi que la curiosité n'est pas un vilain défaut.

parfaite de la petite Américaine qui a dit « fuck » à ses managers pour lécher une boule de chantier sous les yeux de Richardson.

**À écouter :** « Wrecking Ball ».

## DEMI LOVATO (VINGT-DEUX ANS)

**Pourquoi elle est cool :** la chanteuse et comédienne est la marraine de tellement d'associations qu'on s'y perd. Elle lutte quotidiennement pour aider les jeunes victimes de harcèlement après avoir été elle-même une victime. Cheveux violets, brun ou rouge, elle est fille de la fameuse pom pom girl des Cowboys de Dallas, Dianna De La Garza.

**Pourquoi elle est l'idole des jeunes :** parce qu'elle a une voix folle, parce qu'elle prouve aux plus jeunes qu'on peut rafler un disque d'or même en étant en errance capillaire totale.

**À écouter :** « Give your heart a break ».

## ONE DIRECTION (ENTRE VINGT ET VINGT-DEUX ANS)

**Pourquoi ils sont cool :** parce qu'un groupe de mec anglo-irlandais, avec des coupes de cheveux approximatives, il y en a à chaque génération et ils sont souvent bons. C'est, en plus, un peu le groupe de la dernière chance, puisqu'ils avaient été jetés de tous les castings solos qu'ils avaient passés.

**Pourquoi ils sont les idoles des jeunes :** parce qu'ils sont quand même très beaux, ces petits cons. Ils reprennent du Blondie, et on les voit grandir comme s'ils étaient nos tamagotchi.

**À écouter :** « What makes you beautiful ».

Et pour poursuivre sur votre lancée, n'hésitez pas à écouter Austin Mahone ou les R5. Regardez aussi quelques films avec Selena Gomez, Lea Michelle, Zac Efron ou Jake T. Austin.

## 2 - LES CAS BIEBER ET ADAMS

Justin Bieber aurait violé trente-huit chatons en criant « Vive Pétain ! » que les usagers de Twitter seraient plus indulgents avec lui. Pourquoi ? Est-ce que le concept de self-made-man moderne dérange le vieux con plus que de raison ? En effet, le petit Canadien né en 1994, passionné de hockey et d'échecs, élevé par sa mère célibataire qui cumulait les boulots, est un pur produit YouTube. À dix ans, il apprend tout seul à jouer de la batterie, du piano et même de la trompette, et participe deux ans plus tard à un concours de chant dont sa mère poste la vidéo sur YouTube. Bim, il est repéré par un agent artistique, Scooter Braun, qui lui présente Usher (ouuuh U make wana hummm). Il enregistre une démo à treize ans… et c'est parti : le succès est fulgurant, immense, et va de pair avec… des moqueries toujours exponentielles sur à peu près tout ce qui touche à son enveloppe corporelle ou à son environnement artistique. La plus récurrente des railleries concerne ses cheveux : la « coupe Bieber » et le fameux mouvement de tête permettant de ranger tous les cheveux du même côté sont moqués avec acharnement, discrédités, mais… adulés et portés par à peu près tous les adolescents de l'époque. Son manque de culture générale est souligné à maintes reprises [5], la qualité de sa musique jugée piètre et acidulée ; le nombre de parodies de ses prestations est impressionnant. Les adultes ont été les plus féroces à l'encontre de ce tout petit phénomène planétaire, probablement parce qu'il représentait une mode qu'ils ne comprenaient pas : celle de la pop sportive pleine de baby/love dedans, des sauts de deux mètres complexant les plus grands sportifs et un déferlement de cris et de pleurs à l'arrivée dans n'importe quel endroit de la surface du globe.

Mais pourquoi le vieux con le déteste-t-il autant ? Parce qu'il est une victime ordinaire du succès : sa vie entière est une grande opération marketing de séduction des adolescentes. Il est jeune, joli, sait s'entourer de bons producteurs – et jusqu'à récemment d'une Selena

5. « Avoir la possibilité de venir ici est une source d'inspiration. Anne était une fille formidable. Elle aurait pu être une "belieber". » Voilà ce qu'a inscrit Justin sur le livre d'or de la maison d'Anne Franck après l'avoir visitée. Oui, c'est chaud.

Gomez irréprochable, avec qui il formait un couple beaucoup trop beau pour son jeune âge, même cumulé. Le vieux con suit avec ardeur ses faux pas, le regarde grandir, prendre de l'alcool, se muscler pour ressembler à un homme… et attend secrètement sa chute. Mais ce qui l'énerve le plus, c'est que tous ses pronostics sur la durée de vie de l'artiste sont tombés à l'eau : après des années de succès, Justin continue d'attirer l'attention sur lui, abordant tranquillement des « virages dans sa carrière » qui témoignent de sa transformation de gamin prépubère en chanteur confirmé.

Nous avons le même cas d'école sur le sol français. Notre petite étoile insupportable s'appelle Kev Adams, fait mine d'avoir dix-sept ans forever et, dès qu'il entre quelque part, des jeunes personnes tombent la tête la première comme un jeu de Qui est-ce ? Né à Paris en 1991, plutôt petit et enrobé, il a des boutons et un appareil qui lui valent le surnom de « trident ». Au lieu de manger ses cheveux comme Dark Ortie, il sort un cahier bleu et note des vannes dedans, parce que moche et drôle, c'est mieux que moche et chiant [6]. Il tente les MJC [7] et les scènes ouvertes (ah oui, c'est moins chic que Bieber, mais que voulez-vous, nous, au moins, nous avons le droit de commercialiser du fromage au lait cru) et se fait repérer, alors qu'il est encore cet ado boutonneux, par la productrice d'Anne Roumanoff et Gad Elmaleh. À partir de là, pouf pouf, son « Young Man show » affiche complet, il tutoie les étoiles et devient ce qu'on appelle « bankable [8] ». Il sait parler aux ados, de leur vie pleine de problèmes, de leur emploi du temps, de leur prof d'anglais qui sent le poisson, de choses qui les touchent, quoi ! Il a su utiliser les réseaux sociaux pour asseoir sa popularité : 1,4 million de followers sur Twitter et 3,6 millions de likes sur Facebook, autant de petits attachés de presse loyaux. Pour autant, on ne compte plus le nombre de ses détracteurs qui lui reprochent (déjà !) de vouloir faire du jeunisme pour continuer à toucher les adolescents de quinze ans et de participer à de nombreuses campagnes publicitaires.

6. Sur la base de « riche et en bonne santé vs pauvre et malade ».

7. Maisons de la jeunesse et de la culture.

8. Digne d'intérêt (financier) aux yeux des médias et des producteurs.

Si les vieux cons le détestent autant, c'est sans doute par jalousie : un gamin qui gagne plus d'argent en deux mois que nous en une vie entière, cela peut faire mal. Et puis leur comportement n'est pas toujours très cohérent : ils fustigent le monopole de Kev Adams qu'on voit partout, mais snobent les têtes qu'ils ne connaissent pas. Il ne faut pas s'étonner que les publicitaires et les producteurs profitent de ce succès pour faire apparaître le vieil adolescent sur le plus de supports possible. De notre côté, nous espérons que Kev Adams ne se laissera pas enfermer dans les shoes du sempiternel lycéen, à la manière de Michael Serra, et qu'il saura par ses choix de carrière faire taire les vieilles biques hargneuses.

## BILAN

*Être fan forge le caractère. Nous montons haut, nous nous investissons, nous retombons parfois en apprenant que notre idole n'est qu'un alcoolique notoire dans l'intimité – et non pas ce gentleman aux vingt et une roses qu'on avait imaginé... En devenant plus distants, plus cyniques, en devenant adultes donc, nous perdons cette chère disposition émotionnelle qui fait de nous de fervents défenseurs du père Noël. Est-ce grave ? Non, si nous n'empêchons pas les autres d'y croire encore ; après tout, un végétarien n'empêchera pas son homonyme carnivore d'apprécier la douceur d'une entrecôte marinée un soir d'été.*

*Être fan, c'est aussi un don de soi, une générosité et parfois un hobby sain, qu'il ne faut pas dénigrer. Alors, à tous les vieux cons du monde, faites votre choix : préférez-vous que nos enfants écarquillent les yeux d'amour à l'apparition des One Direction et que ce premier émoi de pureté reste à jamais gravé en eux ou qu'ils soient déjà blasés et vous tchippe*[9] *à l'ouverture de leur cadeau d'anniversaire, à sept ans ?*

9. Tchipper : faire un bruit de bouche qui signifie une désapprobation.

## LE POINT DE VUE DE

# MASKA

***Aka le Blanc, le Roi de la Lozère. Membre et chanteur de Sexion d'Assaut, dont l'album* Apogée*, sorti en 2012, est Disque de diamant et s'est vendu à 820 000 exemplaires.***

*Signes distinctifs :* gentil garçon avec la tête sur les épaules et un sens du collectif fort. Album solo : *Espace temps* (octobre 2014).

***Maska, c'est quoi, selon toi, être un vieux con ?***

Être un vieux con, cela concerne la majeure partie des êtres humains. C'est voir ses défauts qui se renforcent avec l'âge, c'est se renfermer sur soi-même, se regarder le nombril, oublier d'être heureux. Si on pousse la caricature, c'est être de mauvaise humeur, se plaindre, avoir besoin des autres. La vieillesse physique impose des contraintes et nous pousse à dépendre des autres, mais lorsqu'on qu'on les fait culpabiliser et qu'on lui pèse sur la conscience, forcément on devient un vieux con. Pour moi, il faut être ouvert, avoir de l'humour, s'intéresser aux jeunes, les écouter et partager sa propre expérience pour leur donner le meilleur. Et il faut surtout relativiser : c'est très important pour moi, c'est mon maître mot.

### *Peut-on être un jeune vieux con ?*

Oh oui, on peut être un jeune vieux con ! Il y a énormément de jeunes vieux cons même ! Trop angoissés à l'idée de vieillir, ils ne savourent pas l'instant présent, ils se prennent au sérieux avant l'âge.

### *Avec le succès de Sexion d'Assaut, avez-vous noté un changement de comportement de votre entourage ?*

Le succès nous touche forcément, il influe sur notre personnalité, sur la manière dont on se voit ; le regard des gens change et on change aussi. On attire plus l'attention, et certains vont davantage dans notre sens, mais les proches, eux, disent toujours ce qu'ils pensent. On a eu la chance d'avancer ensemble, on était une bande de potes, on se comprenait très bien, on grandissait en même temps dans notre bulle, donc tout était normal pour nous, rien ne changeait.

### *Comment fais-tu pour gérer cette distance qui est, de fait, inéluctable avec la célébrité ?*

De la même manière que, pour ne pas devenir un vieux con, il faut être à l'écoute, pour ne pas perdre le contact avec le reste du monde il faut sans cesse communiquer. Cela nous paraît super important, c'est là que se trouvent toutes les solutions. Alors attention : cela ne veut pas dire que tout est rose et qu'on est toujours d'accord ! Il faut accepter que les intérêts des uns et des autres font obstacle à une bonne communication, si vous voyez ce que je veux dire.

### *À quel âge devient-on adulte aujourd'hui ?*

Plus tard qu'avant, vers vingt-cinq ans. On vit un décalage avec nos aînés, que ce soit pour se mettre en couple, faire des enfants ou travailler. L'espérance de vie est plus longue, on est vieux plus tard… Du coup, on le gère moins bien. On a « peur » de devenir vieux. J'ai vingt-neuf ans, je ne me sens pas complètement adulte. Il y a des gens de quarante ans qui ne se sentent pas vraiment « adultes » non plus ! Quelqu'un qui a « bien » vieilli peut se sentir jeune tout en acceptant le vieillissement de son corps. Là où cela pose problème, c'est quand on n'accepte pas que ce corps vieillisse. Oui, je crois qu'on a peur du passage à l'âge adulte.

***Tu as eu peur du succès et de devenir un vieux con ?***

Le côté « vieux con » que le succès apporte, c'est le côté « star » centrée sur soi-même. Nous, on l'a géré avec humour, on en rigolait, on en faisait des blagues, on faisait en sorte que les gens autour de nous comprennent qu'on n'était pas sérieux. Les gens nous aimaient bien parce qu'on était proches d'eux et ils aimaient notre « simplicité ».

***Toi aussi tu trouves que le rap c'était mieux avant ?***

Moi je dis que tout est relatif ! C'est vrai que, dans le contexte d'avant, rien n'était mieux que le rap. On aurait écouté du Sexion d'Assaut il y a vingt ans, cela n'aurait pas eu le même impact. Chacun porte le fruit de sa génération et en sort le meilleur ; du coup, le rap d'avant, c'était le meilleur à cette époque-là. Et je trouve que, maintenant, on a des très bons raps qui correspondent à notre époque.

***Tu te vois comme un vieux ?***

Oui, un peu, surtout quand je croise des amis d'enfance, on se dit : « Waaa, ça passe vite »… mais quand on y réfléchit, qu'on se pose et qu'on voit tout ce qu'il se passe, c'est long.

***Y a-t-il des jeunes qui te bluffent ?***

J'ai entendu un jeune rappeur de quatorze ans qui a fait un freestyle, un certain Marvin, qui m'a fait penser à Lefa. À son âge, ce gamin a déjà capté pas mal de choses dans le rap. Moi, j'ai mis plus de temps !

***Un dernier message pour les vieux cons ?***

Ouvrez-vous, riez, relativisez, regardez la jeunesse et appréciez chaque moment et chaque chose. Une personne peut avoir mille raisons d'être heureuse, et être malheureuse ; inversement, une autre peut vivre des choses très difficiles tout en gardant le sourire aux lèvres. Je dis souvent que le bonheur est un caractère, il n'est jamais trop tard pour avoir ce caractère-là.

8

# MÉMO DE SURVIE POUR PRESQUE VIEUX CONS

*Le skate-board, c'est dangereux,*
*À moins d'avoir des coudières*
*Et je vais vous faire un aveu,*
*Je me suis drogué la semaine dernière*
*Depuis je déprime,*
*Alors ça y est,*
*Je crois que je suis vieux.*

Pourquoi certains voisins ne brutalisent-ils jamais leur plafond d'un balai rageur quand nous faisons un karaoké tranquille à deux heures du matin, en nous époumonant sur la meilleure chanson de Toni Braxton [1] ? Pourquoi les mêmes voisins, version « vieux cons », montent tambouriner à notre porte à 18 h 30, parce qu'ils considèrent que « Quand même, vous pourriez trinquer moins fort, c'est ça aussi le vivre ensemble [2] ? » Sans doute parce que les premiers ont « bien vieilli » et n'ont pas oublié qu'eux aussi ont eu leur moment de gloire : ils ont compris que prendre de l'âge n'est pas si tragique ou funeste, il faut simplement accepter un peu de sagesse et de ringardise dans son quotidien…

## Les signes qui ne trompent pas

- *Soupirer en croisant un jeune avec une crête iroquoise, extrêmement impliqué dans sa manière de marcher, synergie d'un loup et d'un bad boy de Detroit.*
- *Dire « Pfff » et « Rhô » quand quelque chose nous dépasse.*
- *Avoir une meilleure repartie.*
- *Réserver des vacances d'une année sur l'autre.*
- *Acheter des chaussures trop chères et les conserver dans leur petite pochette textile pour les faire vivre plus longtemps.*
- *Arriver dans une chambre d'hôtel et disposer ses petites affaires de toilette dans la salle de bain pour se sentir chez soi.*
- *Avoir des petites affaires de toilette.*
- *Mentir sur son âge.*
- *Séparer le blanc des couleurs dans un cycle « à froid ».*
- *Minuter la cuisson de ses spaghettis.*
- *Dire « tout ça c'est blanc bonnets et bonnets blancs ».*

---

1. « Spanish Guitar ».

2. « Le vivre ensemble », un concept inconnu avant d'avoir vécu au moins trois élections municipales en tant qu'adulte encarté.

Alors, comment vieillir paisiblement et ne pas agir comme un juvénile aigri, dont les rétines ridées par l'émulsion des expériences répétées se lassent à l'avance de ce qu'elles vont entendre et ressentir ? Comment réussir sa transition entre ex-jeune et nouvel adulte ouvert et réceptif à ce qui l'entoure et ne pas virer vieux ? Nous avons des solutions.

Voici des situations de la vie quotidienne auxquelles vous êtes certainement confronté – à moins que vous ne viviez à Homs, où, en ce moment, c'est un peu limité en termes de loisirs et de « vivre ensemble ». Choisissez la manière la plus bienveillante d'y réagir, en discutant simplement avec votre ex-vous d'il y a dix ans, sans planche de oui-ja ou d'exorcisme (l'une d'entre nous étant une fiotte dès qu'il s'agit de film d'horreur). Vous verrez que vous vous sentirez comme un sou neuf, prêt à aimer le monde entier, tel un petit poussin très disposé émotionnellement.

Les thèmes abordés :

- L'amour, car c'est important, même les rois du monde s'ennuient sans amour, alors qu'ils font tout ce qu'ils veulent.
- La famille, parce que sans famille, nous nous appellerions tous Rémi.
- La banque, parce que tu es le crédit de mes envies.
- La différence, parce qu'elle fait la richesse du monde. Et que c'est une préférence, un état d'âme, une circonstance[3].
- Le naturisme, parce que, oh vous y viendrez, nous aussi nous rigolions comme des baleines quand on nous disait que nous kifferions ça et, aujourd'hui, dès que nous voyons un lac ou une carrière, hop, nous tombons le calcif.
- La vie privée, parce que cela nous regarde.
- La politesse, parce que Nadine de Rothschild.

3. Coucou Lara Fabian

- Et le sudoku. Oui, étant donné que sur Wikipédia on trouve ce genre de choses [4] :

$$\left\lceil \frac{x - 1}{3} \right\rceil = \left\lceil \frac{x' - 1}{3} \right\rceil \text{ et } \left\lceil \frac{y - 1}{3} \right\rceil = \left\lceil \frac{y' - 1}{3} \right\rceil$$

*(les deux cellules appartiennent à la même région)*
*La grille se complète en affectant un entier.*

Nous sommes parties du principe que ceux qui y jouent n'aiment pas la vie, cela n'est pas possible autrement.

Et pour que vous puissiez emmener partout avec vous ces mantras modernes, nous vous avons préparé ça comme des fichettes à découper, à la manière de fiches cuisine !

4. Sérieux, les gars, tout le monde se calme, on parle d'un jeu dans un magazine.

# L'AMOUR

## Mise en situation

Vous réalisez que vous vivez un amour qui ne va nulle part, parce que l'autre est incompatible avec votre projet de vie personnel : il est inuit et ne supporte pas que vous démentiez le fait que votre lampe de chevet a une âme ; il est hawaïen et chante tout ce qu'il fait au ukulélé ; il est marié et sa femme n'est pas au courant de votre existence ; il a un sixième doigt, car il est atteint du syndrome de Marfan et c'est quelque chose qui, socialement, vous fait peur ; il renifle très fort quand il est heureux ; il mange la bouche ouverte ; sa mère est juive ; son père est mort ; sa sœur l'embrasse sur la bouche… Bon, il y a quelque chose qui cloche chez cet individu, quelque chose que vous vous sentez incapable de gérer pour le reste d'une vie.

## Réaction

Vous fuyez en essayant de vous trouver une excellente excuse. De toute façon, il était con, de toute façon, il voulait à terme vivre à Chambéry, de toute façon, « Je mérite mieux que ça », « Je suis encore jeune », « Je vais trouver », « J'ai plein de qualités ».

## Dialogue entre le vous d'il y a dix ans et le vous d'aujourd'hui

**Ex-vous :** *qu'est-ce que tu fous ?*

**Vous :** *je me casse, cette histoire ne mènera à rien.*

**Ex-vous :** *mais alors, première nouvelle, dans la vie il ne faut pas se battre, il faut fuir sous prétexte que ton mec a un micro pénis alors que, maintenant, il existe des pompes perfectionnées, avec du Wifi et tout ?*

**Vous :** *non… c'est pas ça. C'est important d'avoir un projet commun quand on rencontre quelqu'un. Important de savoir qu'on a des* *valeurs communes qui, une fois la passion apaisée, renforceront le ciment du couple et…*

**Ex-vous :** *ah d'accord, donc t'es devenue chiante en fait, bah super, ça me donne envie pour l'avenir ! Elles sont où ces belles comédies musicales que tu chantais très fort à base d'amour jamais impossible ? Et ton oral sur Tristan et Yseult ? Hein ? Tu penses pas que tu ferais mieux de prendre ce qu'il y a de cool chez ce type et que ce n'est pas si grave si sa mère est genre méga-oppressante et possessive, et puis elle va finir par mourir un jour, non ? Prends ton mal dans ta patience.*

**Vous :** *en patience. Et puis, ce n'est pas drôle de rire de la mort des gens.*

**Ex-vous :** *ah bah, excuse-moi, t'as pas l'air de rigoler des masses, là…*

**Vous :** *je ne sais pas quoi faire, il faut que je trouve quelqu'un qui voudrait faire un bout de chemin avec moi.*

**Ex-vous :** *tu fais pitié.*

**Vous :** *je sais.*

**Ex-vous :** *arrête de faire pitié et reste, ou quitte-le, mais prends une décision, c'est ridicule, on dirait moi à vingt ans, donc en ce moment.*

## Morale de cette histoire

Être adulte, c'est ne pas être une victime. Votre ex-vous vient de vous clasher sur un point intéressant. Vous avez toutes les excuses du monde, mais il y en a une que vous n'avez pas : celle de ne pas avoir le choix. Alors, pour ne pas devenir un vieux con, assumez vos décisions. Suivant !

# LA FAMILLE

## Mise en situation

Vous vous êtes brouillée avec votre mère. Cela fait six mois que vous ne vous êtes pas adressé la parole au motif qu'« elle est trop fière et je ne supporte plus ça ». Plus personne, vous y compris, ne se rappelle la raison pour laquelle vous vous êtes fâchées ; vous savez juste que lorsque vous pensez à elle, vous ne vous remémorez que les choses qui vous agacent dans son caractère et qui vous empêchent de prendre votre téléphone pour faire la paix.

## Réaction

« Non mais, de toute façon, je ne ferai pas un pas vers elle, elle est trop fière et moi, je supporte plus ça. Elle peut courir pour que je m'excuse, je n'ai pas besoin d'elle et elle n'a pas besoin de moi, c'est très bien comme ça. »

## Dialogue entre le vous d'il y a dix ans et le vous d'aujourd'hui

**Ex-vous :** *franchement, moi j'avais une excuse pour faire la gamine avec maman, parce que JE SUIS une gamine. Mais je veux juste te notifier que tu fais pitié à faire pareil, parce que tu n'es plus une enfant.*

**Vous :** *je n'en ai rien à faire, on ne me parle pas comme elle m'a parlé, c'est tout. J'ai passé l'âge d'être traitée comme une gamine.*

**Ex-vous :** *est-ce que tu te rends compte que tu as tous les symptômes d'une vieille conne en réagissant comme ça ?*

**Vous :** *… ?*

**Ex-vous :** *remplace : « Elle est trop fière, je ne reviendrai pas vers elle » par : « Je suis trop fière, je ne reviendrai pas vers elle », oh c'est marrant, c'est la même chose ! Ça alors ! C'est incroyable ! Ça y est, tu es en train de devenir maman !*

**Vous :** *cela n'a rien à voir, c'est juste que j'ai des principes et…*

**Ex-vous :** *ce sont les vieux qui ont des principes ; maman est vieille, vous avez les mêmes principes, donc tu es vieille. Moi je crois juste que tu n'as, encore une fois, aucune excuse et que tu as oublié pourquoi vous vous êtes embrouillées, ce qui serait beaucoup plus simple et rigolo que ton histoire toute pourrie qui prend une page entière de ce livre pour RIEN.*

**Vous :** *mais si je l'appelle, cela veut dire que je suis faible.*

**Ex-vous :** *oui, heureusement que tu n'es pas un pays entier, parce que c'est comme ça que commencent les guerres.*

## Morale de cette histoire

Être adulte, c'est laisser PISSER. Il ne sert à rien de vous embrouiller avec des gens sous prétexte que « vous, vous êtes franc, vous dites ce que vous pensez et ça, c'est faire preuve de caractère ». Ma grand-mère dirait : est plus intelligent qui s'excuse.

# LA BANQUE

## Mise en situation

Vous êtes comme d'habitude à découvert, sauf que, cette fois, vous considérez que la banque ne vous a pas prévenu. Votre conseillère vient de bloquer votre carte bancaire, vous êtes prêt à fournir des papiers à une minorité en besoin de régularisation si elle s'engage à liquider votre conseillère.

## Réaction

Excepté la solution minorité/assassinat prémédité/trente ans ferme/cf. affaire Kerviel ou Jean-Claude Romand, vous êtes au moins sur le point de changer de banque, de faire un courrier à la CNIL et de dénoncer cette affaire, car vous avez des contacts dans la presse et l'édition. Vous avez l'impression que votre découvert a l'importance du Watergate et vous ne parlez que de ça sur Twitter et Facebook, en mettant beaucoup de points d'exclamation à la fin de vos statuts !!!!!!!!!!!!!!!!!!!!

## Dialogue entre le vous d'il y a dix ans et le vous d'aujourd'hui

**Ex-vous :** *qu'est ce que tu fais ?*

**Vous :** *je m'insurge contre la société de consommation qui fait de moi un esclave soumis sans cesse à de nouveaux désirs mercantiles. Tout ce que je veux, c'est élever des chèvres dans le Gers et qu'on me fiche la paix.*

**Ex-vous :** *ouais, en gros tu n'assumes pas d'avoir flambé, quoi…*

**Vous :** *non, si je suis malheureux, c'est la faute des autres.*

**Ex-vous :** *ou alors c'est ta faute, mais tu ne veux pas l'assumer.*

**Vous :** *tu ne peux pas savoir ce que c'est, tu es fauché tout le temps.*

**Ex-vous :** *la différence, c'est que je ne me plains pas tout le temps comme une vieille poule mouillée dotée de vieux œufs ménopausée.*

**Vous :** *alors qu'est-ce que je dois faire ? Puisque t'es si malin, petit con.*

**Ex-vous :** *déjà, arrête de penser que l'enfer, c'est les autres, peut-être que cette conseillère est elle aussi à découvert, donc si tu prenais cinq minutes pour lui expliquer que c'est un peu chaud blablabla, qu'en ce moment, situation compliquée, je ne sais pas, quoi, vos trucs d'adultes, peut-être qu'elle te dirait juste : « Okay, faites au mieux, je débloque votre carte bancaire », et tu pourrais arrêter de brasser du vent comme une vieille mégère.*

## Morale de cette histoire

Être adulte, ce n'est pas considérer que l'enfer, c'est les autres. Votre ex-vous vient de vous clasher sévère sur un principe de libre arbitre. Soit vous prenez votre vie en main pour ne plus être à découvert, soit vous êtes à découvert et vous claquez vos miches quand vous êtes en galère. Fallait pas commander des coupettes à l'unité. Bah ouais Morray.

# LA DIFFÉRENCE

## Mise en situation

Alors que votre nièce annonce qu'elle est bisexuelle, que votre chien sort avec une Américaine et que votre mère a rencontré un éphèbe de vingt-cinq ans lors de récentes vacances en Turquie, vous ne savez pas à quel moment vous allez aborder un point important : votre dernière conquête vous a quitté, car il est devenu asexuel [5]. Dans tous les cas, toutes ces histoires commencent à vous faire suinter de la moustache. Vous vous dites qu'au moins, avant, les gens se mariaient et on n'en parlait plus.

## Réaction

Vous avez vraiment envie que tout le monde finisse au cachot, car vous soupçonnez votre nièce de vouloir faire son intéressante, votre chien de vivre une tocade et le nouvel amoureux de votre mère de n'en vouloir qu'à son argent.

## Dialogue entre le vous d'il y a dix ans et le vous d'aujourd'hui

**Ex-vous :** *ça va, Nadine Morano ?*

**Vous :** *comment savoir si tous ces gens ne font pas ça uniquement pour me faire chier, ou se faire remarquer ?*

**Ex-vous :** *ce que tu vois comme de multiples preuves pour attirer ton attention, ne serait-ce pas, par hasard, juste le symbole de personnes qui vivent leur vie comme elles l'entendent ? Si maman veut rincer un jeunot avec sa retraite, si la cousine se prend pour un des personnages de The L Word ou, pire, Katy Perry, ou si ton chien a envie d'apprendre une nouvelle langue canine, en quoi cela te regarde ?*

---

5. Tendance consistant à préférer la vie sans sexe.

**Vous :** *ils font des choses que je ne comprends pas, tu ne vas pas me dire que tu trouves ça normal ! Ils n'étaient pas comme ça avant, c'est comme s'ils m'avaient trahie. Je ne sais plus quoi leur dire ou leur conseiller. Je ne comprends pas leur vie.*

**Ex-vous :** *ah ! Nous y voilà ! Ce qui t'embête, c'est de ne pas pouvoir donner ton avis parce que tu ne* SAIS *pas quoi dire !*

## Morale de cette histoire

Devenir adulte, c'est être en mesure d'emmagasiner de nouvelles données sociétales. Si quelqu'un fait quelque chose que vous ne comprenez pas, mais qui n'empiète pas sur votre confort personnel, vous n'avez absolument rien à dire.

# LE NATURISME

## Mise en situation

Vous arrivez sur une plage reculée après avoir fait une heure supplémentaire de route, mais, à l'entrée, on vous informe qu'elle est réservée aux naturistes.

## Réaction

C'est quoi, ces conneries, je viens de me fader deux heures de route[6] pour m'entendre dire ça ?! La plage est à tout le monde, que je sache, et personne ne peut m'empêcher de me faire roussir les fesses avec les marques du maillot si je veux.

## Dialogue entre le vous d'il y a dix ans et le vous d'aujourd'hui

**Ex-vous :** *qu'est-ce qui se passe ?*

**Vous :** *on m'interdit l'accès à cette plage alors que j'ai décidé de venir ici, et maintenant que j'y suis, on ne veut pas me laisser entrer.*

**Ex-vous :** *pourquoi ?*

**Vous :** *parce qu'il faut être naturiste.*

**Ex-vous :** *et donc ? Il faut un permis pour être naturiste ?*

**Vous :** *non, mais hors de question que je me mette à poil devant tout le monde.*

**Ex-vous :** *ah, donc le problème est différent, vas-y, tombe ton bikini, on s'en fiche !*

**Vous :** *non, je suis pudique. Et puis personne n'a à décider pour moi ce que je dois faire sur une plage.*

**Ex-vous :** *mais personne ne t'a forcée, tu peux aussi changer de plage, qu'en penses-tu ?*

---

6. Les vieux cons aiment bien exagérer et, si vous avez suivi l'énoncé, vous avez lu qu'on a fait une heure de route supplémentaire, pas deux. Merci. La Direction.

**Vous :** *je viens de faire deux heures de route supp…*

**Ex-vous :** *tu as Alzheimer ? Tu ne te rappelles pas que tu viens de me dire ça il y a deux secondes et qu'à l'époque tu rêvais de faire du topless ?*

## Morale de cette histoire

Être adulte, c'est assumer ses faiblesses. Plus personne ne va vous juger pour rien. Si vous avez honte de mettre votre zizou à l'air, il ne faut pas être méchant ni avec le surveillant de la crique ni avec les plagistes.

# LA VIE PRIVÉE

## Mise en situation

En tapant votre nom sur Google, vous réalisez qu'on y trouve des photos de vous en maillot de bain Banana Moon et coup de soleil sur le nez, ce qui pourrait entraver vos carrières amoureuses et professionnelles futures.

## Réaction

Vous trouvez inadmissible que de nos jours la vie privée ne soit plus respectée. Vous tapez « Porter plainte contre Internet » et, bizarrement, aucune occurrence sérieuse ne sort, vous ne trouvez que des blogs en flash sur lesquels des retraités racontent en comic, sans ms gras souligné !!!!!!! qu'il leur est arrivé une mésaventure similaire ; ils ont décidé de monter une pétition, mais comme ils ne savent pas créer une pétition en ligne, ils proposent l'envoi de cette dernière par courrier sur simple demande. En gros, vous vous trouvez face à un problème typique de vieux con.

## Dialogue entre le vous d'il y a dix ans et le vous d'aujourd'hui

**Ex-vous :** *pourquoi es-tu heurtée par les informations sur lesquelles tu viens de tomber ?*

**Vous :** *nan, mais attends, je ne veux pas qu'on puisse trouver des photos de moi comme ça, c'est normal, c'est ma vie privée.*

**Ex-vous :** *mais, pourtant, c'est toi qui les a mises en ligne ces photos, non ?*

**Vous :** *oui, mais ce sont de vieilles photos, de toute façon là n'est pas le problème ; aujourd'hui, les jeunes montrent leurs fesses à tout va et n'ont plus aucun respect !*

**Ex-vous :** *et pourtant ce ne sont pas eux qui se plaignent. Il y a une* *différence fondamentale entre eux et toi : eux maîtrisent leur image. Tu as beau les traiter d'impudiques ou d'exhibitionnistes, en attendant ils maîtrisent à la perfection les images qu'ils veulent qu'on voie. Contrairement à toi qui t'es fait un album photo foireux au moment où tu as ouvert ton compte en 2007. Donc, c'est ta faute.*

## Morale de cette histoire

Être adulte, ça ne veut pas dire être aigri. Ce ne sont pas « les jeunes » qui étalent VOTRE vie privée sur Internet, ils étalent ce qu'ils veulent dire de la leur et deviennent très tôt de redoutables communicants.

# LE SUDOKU

## Mise en situation

Vous êtes en train de vous faire une grille pépouze, quand vous réalisez qu'une bande de jeunes se moque de vous en face. Pourquoi ? Qui sont-ils ? Quels sont leurs réseaux ?

## Réaction

Bande de petits cons, quand vous saurez qu'on n'est jamais aussi intelligents qu'à vingt-quatre ans, et que la suite n'est que lente décrépitude, vous aussi vous trouverez des biais pour stimuler votre mémoire et votre sagacité.

## Dialogue entre le vous d'il y a dix ans et le vous d'aujourd'hui

**Ex-vous :** *t'es vraiment en train de jouer au sudoku ? ah la looooooose !*

**Vous :** *ça va bien maintenant, à ton âge moi auss…*

**Ex-vous :** *… tu joues au sudoku* ET *tu viens de commencer une phrase par : « Moi, à ton âge. » O.K. Je peux me suicider tout de suite pour être sûre de ne JAMAIS devenir toi !*

**Vous :** *c'est vraiment bien et ça passe le temps quand on est dans les transports.*

**Ex-vous :** *donnez-moi une corde.*

**Vous :** *tu sais, vieillir, c'est aussi se rendre compte de ses faiblesses.*

**Ex-vous :** *oui, moi aussi j'ai lu la moralité de l'histoire précédente, ça va. Mais il y a des vieux tout à fait cool et qui n'ont pas des activités de centenaire à trente ans, par exemple jouer au poker ou prendre des cours d'œnologie. Bon, dans les transports en commun, c'est un peu compliqué, mais j'aurais aimé voir dans ton comportement un peu de bonne volonté. Là, tu sens presque la mort.*

## Morale de cette histoire

Être vieux, ça ne veut pas dire être chiant. Or, le sudoku c'est vraiment un truc mortifère comme une JAPD ou un top en synthétique dans lequel on aurait transpiré. Vous ne devez pas vous imaginer qu'avancer dans l'âge est équivalent à vous ranger dans le camp des gens qui portent des robes de chambre en molleton. Réveillez-vous !

# LA POLITESSE

## Mise en situation

Vous êtes au restaurant et, malheureusement, la petite serveuse en job d'été [7] qui s'occupe de vous n'est pas assez dynamique. Elle confond light et zéro, ce qui vous fait la considérer comme une moins que rien ; elle vous demande de lui tendre votre assiette et, pendant qu'elle prend votre commande de desserts, elle dit « Salut ! » à quelqu'un qu'elle connaît. Pour vous, c'est trop. Vous ne reviendrez plus jamais dans cet établissement et vous allez laisser une mauvaise critique sur restaurant.org.

## Réaction

Inadmissible ! Le service, « ce n'est plus ce que c'était ». Les vrais petits commerçants ont vraiment déserté le quartier et, de toute façon, je suis sûre que le restaurant dans lequel on se trouve, c'est une chaîne. Ça doit appartenir à Apple. Ou aux Illuminati.

## Dialogue entre le vous d'il y a dix ans et le vous d'aujourd'hui

**Ex-vous :** *j'ai une petite question : à l'étape suivante, tu nous racontes comment c'était Vichy ?*

**Vous :** *mais enfin, je paie, j'ai envie que le service soit compris dans le prix indiqué ! L'argent ne pousse pas dans les choux, mais tu ne peux pas comprendre ça, toi. Tu ne sais pas ce que c'est que de suer sang et eau pour gagner un salaire.*

**Ex-vous :** *alors, comme ça, à partir d'un certain âge, lorsqu'on effectue la moindre action, on calcule le pourcentage dans le prix alloué*

7. Cela est déjà une remarque de vieux con ultime et nous pourrions arrêter la démonstration ici.

*aux dividendes des actionnaires, celui destiné à payer les employés, les matières premières et la quote-part investissements ? Génial ! Le tout en jouant au sudoku ?*

## Morale de cette histoire

Être adulte, ça ne veut pas dire être une grosse PINCE. Est-ce que c'est la fatigue d'avoir été trop pauvre et un excès de pâtes « à rien » qui vous fait réagir comme ça ? Les radins ont une particularité, ils finiront les plus riches du cimetière. Mis à part cela, ils passent leur vie à compter leurs sous de fond de poche et ils ne profitent jamais de leur pécule, puisqu'ils sont trop occupés à garder l'entrée de leur banque, ne faisant plus confiance aux sociétés privées de gardiennage. SUPER.

## BILAN

*Se transformer en vieux con ressemble à la sensation de picotement qui, en plein sommeil, informe notre cerveau qu'on est sur le point d'avoir une crampe musculaire. Si nous étions vraiment malin (au lieu de roupiller en disant que cela va passer), nous nous réveillerions pour secouer notre pied et éviter cette douleur infâme qui donne envie de se couper la jambe avec une scie. Si vous avez senti, à la lecture des sept précédents chapitres, que cela picotait, vous êtes peut-être sur une mauvaise pente, mais vous avez encore le temps de vous réveiller. Si vous préférez ignorer les sirènes qui annoncent votre vieillissement prématuré, ne venez pas vous plaindre lorsqu'on vous traitera de sale vieux con dans le bus.*

*Alors changez ! Pour vivre vieux, il faut être heureux. Si vous prenez le chemin du vieux désabusé qui râle, c'est un peu comme un suicide à petit feu, l'aigreur abîmant le foie. Pour épouser votre âge avec le sourire, il vous suffit de faire l'amour trois fois par semaine, de manger régulièrement du chocolat noir et d'être optimiste*[8]*. Vous prolongerez votre vie de dix ans, et dix ans de bonheur en plus, c'est cool. Souvenez-vous aussi que :*

- *Être adulte ne vous range pas forcément dans le camp des victimes, enfin devrions-nous plutôt dire des babtous fragiles.*
- *Être adulte, c'est lâcher du leste, personne n'a envie de vous voir vous énerver : vous avez la jugulaire qui gonfle et vous bavez un peu.*
- *Être adulte, ce n'est pas considérer que l'enfer, c'est les autres. Sinon, c'est trop facile. D'ailleurs, en politique, on appelle ça communément de l'extrémisme.*
- *Devenir adulte doit vous aider à comprendre la société, même si elle change toutes les cinq secondes. Non, le meilleur album de tous les temps n'est pas celui des Rolling Stones, celui que vous avez préféré peut-être, en enattendant un autre !*

8. Dr Frédéric Saldmann, *La vie et le temps. Les nouveaux boucliers anti-âge*, Flammarion, 2011.

- Être adulte, c'est accepter d'avoir des faiblesses et, surtout, ne pas en avoir honte. Sinon, vous avez l'air de la nigaude qui cache ses dents dans la pub Denivit, car « vous n'osez plus sourire ? » Tout le monde a envie de mettre des gifles à cette fille (d'ailleurs, elle a changé de pays et vit maintenant au bord du Danube ; elle en avait marre de se faire claquer le beignet dans la rue sans raison).
- Être adulte, cela ne veut pas dire être un vieil ours mal léché. Même le vieux dans Up parvient à se défaire de ce mauvais sentiment. Vous en êtes capable, nous en sommes sûres !
- Être vieux, cela ne veut pas dire être soporifique comme Chasse et Pêche. Alors, par pitié, arrêtez de porter des chaussons, ils congestionnent le cerveau.
- Être adulte, cela ne veut pas dire avoir des oursins dans le porte-monnaie. Lâchez du tip, soyez sympa, cela aidera les jeunes à se payer des capotes au distributeur et à rester vivant.
- Être adulte, cela ne veut pas dire faire économie de sa réserve d'amabilité, tout ça parce que vous avez beaucoup travaillé et que tout vous gonfle : le monde dans le bus, la queue au cinéma et globalement toutes les personnes qui sont sur votre passage en rentrant du boulot.

*Pour parfaire votre sérénité, nous vous conseillons l'excellent* Manuel du savoir-vivre à l'usage du voyageur moderne, *à télécharger sur le site de la RATP, qui est aussi joli que drôle (et essentiel) : « Règle n° 10 : Être courtois, c'est ne pas provoquer en duel le premier chevalier qui vous écrase le pied par mégarde. Règle n° 9 : Être courtois, c'est ne pas fixer une passagère avec insistance quand bien même elle aurait les yeux revolver. »*

## LE POINT DE VUE D'

# AXELLE LAFFONT

***Ex-miss Météo star sur Canal +, comédienne toujours décalée, chroniqueuse, one-woman-show.***

***Signes distinctifs :*** ses yeux de chat et son rire de petite souris atypique.

***Qu'est-ce que c'est pour toi, un vieux con ?***

Un vieux con, c'est quelqu'un qui passe son temps à râler, avec toujours la conviction qu'il sait tout mieux que toi, comme si SON avis avait été validé par une Haute Autorité, alors que le tien n'a aucune valeur, puisqu'il sort d'une autre bouche que la sienne.

***Comment on peut éviter d'attraper cette maladie ?***

En mourant jeune ! C'est horrible à dire, mais une fois que tu es gangréné par l'aigreur, il n'y a plus rien à faire, juste dire au revoir, tirer sa révérence de la manière la plus classe possible (encore que, un vieux con ne veut-il pas faire chier jusqu'au bout ?…) Et fin de l'histoire.

***Ne penses-tu pas que c'est guérissable ?***

Laisse-moi réfléchir. Si ton entourage est bienveillant et se permet de te remettre en place, alors oui, pourquoi pas. Mais se remettre en question pour quelqu'un d'ouvert, c'est déjà dur, alors pour un vieux con, tu imagines ! Il faut être sacrément bien accroché si tu es la personne qui a été désignée pour faire savoir à l'intéressé qu'il déconne complet…

***Est-ce qu'il y a des évènements qui te font sentir dépassée des fois, et si oui, quoi ?***

Quand je retrouve des VHS dans ma cave, je me dis que j'ai cent mille ans.

***Est-ce qu'il y a quelque chose que tu regrettes de tes vingt ans ? De tes trente ?***

Mon visage lisse et mes gros seins, le reste non.

[Meilleure réponse EVER.]

***Est-ce que tu fais partie de ces gens qui considèrent que leur meilleure époque est derrière eux ?***

Absolument pas, je pense que la meilleure époque est le présent, pour essayer de profiter au max à chaque fois. Sérieux, tu imagines l'horreur si je pensais que mes meilleures années étaient derrière ? C'est un coup à regarder le plafond !

***Qu'est-ce qui te donne envie de découvrir de nouvelles choses ?***

J'ai tout le temps envie de découvrir de nouvelles choses, c'est la joie basique de la vie, que ça soit du vin, un film ou une nouvelle marque de shampoing ; tu as l'exaltation de l'essayer quand tu rentres chez toi pour avoir la même tête que la femme sur la photo.

***Est-ce que récemment tu as été bluffée par un jeune ?***

J'adore voir les enfants manier les ordinateurs et surfer sur Internet mieux que n'importe quel adulte. On dirait qu'ils ont un index spécial tactile greffé, comme une sorte de mutation génétique. Cela me fascine.

***Comment tu trouves qu'Internet a orienté les échanges entre les gens ?***

Internet a changé tout complètement. On voit clairement qu'il y a une surconsommation de tout en deux secondes, même les histoires amoureuses montent en mayonnaise en moins de temps qu'il ne faut pour qu'elles se créent, c'est incroyable.

### *Qu'est-ce que tu dirais aux adolescents qui s'inquiètent de l'avenir ?*

Détendez-vous. Easy. Tout va bien se passer. Si des vieux existent, c'est bien que les questions existentielles qui paraissent insurmontables sont surmontables, sinon tout le monde serait mort.

### *Le vieux con a-t-il un âge ?*

Le vieux con peut être jeune, c'est juste qu'il ne se remet jamais en question. Un jeune vieux con passe aussi inaperçu qu'un vieux con ; à partir du moment où tu entends quelqu'un te sortir des énormités et que t'as l'impression qu'il va sortir son monocle dans cinq minutes, il a beau avoir dix-sept piges ou quatre-vingts, ça fait le même effet.

### *Qu'est-ce que tu dirais à un vieux con que tu croises ?*

Va te coucher. Laisse-nous faire, on t'appelle quand c'est prêt.

9

# VIEUX CROÛTON ? SO WHAT ?

*« Pendant la première partie de sa vie, on ne se rend compte de son bonheur qu'après l'avoir perdu. Puis vient un âge, un âge second, où l'on sait déjà, au moment où l'on commence à vivre un bonheur, que l'on va, au bout du compte, le perdre. Je compris également que je n'avais pas atteint l'âge tiers, celui de la vieillesse véritable, où l'anticipation de la perte du bonheur empêche même de la vivre. »*

Michel Houellebecq, *La possibilité d'une île*.

*« Les conseils de la vieillesse éclairent sans réchauffer comme un soleil d'hiver [1]. »*
Vauvenargues.

*« La vieillesse est si longue qu'il ne faut pas la commencer trop tôt. »*
Benoîte Groult.

Bon nombre de citations [2] d'artistes ou de penseurs ayant réfléchi à la question de l'âge tendent à démontrer une fatalité vraiment très ennuyeuse : nous ne pouvons dans le même temps avoir la tête de nos vingt ans et le cervelet de nos quarante-cinq, l'audace de Rocancourt et la sagesse du Dr Haushka. Tout ça pour dire qu'au lieu de se stresser les rides du lion, mieux vaut partir du principe que vieillir, c'est comme une grippe, vous l'attraperez forcément. Mais avant que cela sente l'écurie pour vous, profitez-en, car, comme dirait François Mauriac : « C'est merveilleux la vieillesse, dommage que ça finisse si mal [3]. »
Depuis le début de ce livre, nous vous expliquons que vous devez faire attention à vos miches si vous ne voulez pas finir comme un vieux claquos pourri au fond de vos certitudes et de votre appartement dénué de photos – puisque tous vos amis seront partis pour des plus jeunes et des plus beaux que vous ; cent cinquante pages à vous prévenir de l'inexorable issue qui nous guette : notre évincement par la masse de jeunes gens brillants à l'imagination fertile, capables de répondre au pied levé à des questions que nous devons répéter cinq fois dans notre tête avant de comprendre.

Mais tout cela est bien normal : la jeunesse doit prendre la relève des bons soldats que nous sommes, ceux du camp Babaorum pour

1. C'est beau.

2. Bien sûr que les auteurs traînent sur evene.fr, comme vous quand vous voulez lancer un statut Facebook un peu mystérieux ! Nous ne sommes que des hommes, après tout !

3. Ah, ce bon vieux François, toujours là pour nous remonter le moral!

qui c'est bientôt la quille. La jeunesse régénère la vie, les vieux sont remisés dans le cellier où ils sont conservés à l'abri de la lumière.

Et si, au fond, la meilleure tentative d'escapade serait tout simplement de ne plus avoir peur et d'accepter sa geôle ? Personne ne veut connaître le destin de Benjamin Button – Brad Pitt a beau être Brad Pitt, il finira lui aussi dans une petite boîte rongée par les vers, comme le vieux fou qui crie « Cocotte ! » toutes les huit minutes les mercredis impairs, place Gambetta, à Paris. Quels sont les moyens qui peuvent adoucir le passage des secondes ? Installez-vous confortablement, bourrez une pipe ou mangez du papier si vous avez des habitudes chelous, c'est ce dont nous allons vous parler maintenant.

## A POURQUOI AVONS-NOUS PEUR DE VIEILLIR ?

La crainte de la vieillesse n'arrive pas là, un matin, sans raison. Nous n'avons jamais vu personne se jeter contre des murs en se disant : « Ce matin, je suis devenu vieux … aaaaaaaaaaahh [jet contre un mur] » Non, ce qui fait peur dans le principe de vieillir, ce sont les signes avant-coureurs – que nous tentons, au début, d'ignorer – qui, d'un coup, se font pressants de manière simultanée ET insupportable. Imaginez une colonie de cent vingt enfants vous sautant dessus en geignant : « Je veux faire pipi/J'ai soif/Moi aussi je veux faire pipi/Y a une coccinelle qui m'a agressé/J'ai peur du noir/Moi, j'ai peur des loups/Moi, j'ai peur du maître, il m'a montré sa kik/Je veux ma mère/Je veux mon doudou/Je ressens des frissons au niveau du bas ventre, est-ce ça, le désir ? » (ça, c'est le surdoué relou de la classe). Eh bien, c'est la même chose. Face aux premiers signes de la vieillesse, nous avons deux manières de réagir :

**1.** Nous mettons de la crème Q10 + de Nivéa, parce que ça fait dix piges que Estelle Hallyday nous rabote les cuillers avec son toucher de joue à deux doigts, et c'est efficace, regardez, puisque nous en parlons ici.

**2.** Nous faisons TOUT pour NE PAS VIEILLIR au lieu d'accepter notre condition. Franchement, on aurait gagné deux cents pages et vous le prix du présent opus si, dans notre société, le principe de précaution n'était PAS le suivant :

SITUATION DÉLICATE

↓

ANALYSE

↓

PEUR DU CHANGEMENT

↓

JEUNISME ET PROTHÈSE

↓

PHOBIE DU JEUNE INCHANGÉE/COMPTE COURANT – 5 000 €

Idéalement, voici ce qui devrait se passer pour briser le cercle infernal :

SITUATION DÉLICATE

↓

AH ? TIENS, UNE SITUATION DÉLICATE, COOL !

↓

ADAPTATION À LA SITUATION DÉLICATE

↓

NOUVELLE CATÉGORIE DE POPULATION COOL

Ceux qui ont réussi à s'adapter à la situation délicate. (Pour l'instant, ceux qui s'approchent le plus de cette catégorie sont les mecs de trente-cinq ans en hoodie. Donc, on n'y est pas encore...) Donc arrêtons de nous tirer les tarots entre Romanichelles du même clan. Si nous avons peur de prendre de l'âge, c'est pour quatre raisons simples.

## 1 - DEVENIR MOCHE

Les mères disent toujours (à haute voix ou dans leur tête, selon si elles acceptent ou non de vieillir) : « C'est beau, la jeunesse… » Les points de suspension sont essentiels dans cette phrase, car ils signifient : « Dommage que je n'ai pas eu cette information à l'heure où j'étais moi-même jeune. »

Quand nous sommes jeunes, nous avons la pulpe fraîche, les coussinets roses, et nous ne savons pas ce qu'est une hémorroïde. Nous ne sommes pas freinées dans notre progression par les petits tracas du quotidien : se remettre de l'anticernes, ne pas oublier sa crème de nuit, son dentifrice White Fraîcheur 47 heures, son produit à lentilles ni ses cachets contre les infections urinaires quand nous partons en week-end, etc. Les gens qui vieillissent omettent complètement de nous préciser ce qui va nous arriver, tout comme les femmes qui ont accouché omettent complètement de prévenir leurs meilleures amies qu'elles vont certainement se chier dessus pendant la mise bas du poulain. Par exemple, personne ne nous informe que nos oreilles vont continuer à pousser – ainsi que le nez. Le nez. Les gars ? Sérieux ? Dieu ? Quelqu'un ? Non ? Personne pour corriger ce bug lors d'une mise à jour ? C'est quand même complètement dingo que nous soyons aujourd'hui en mesure de choisir le sexe de notre enfant moyennant finances hautes, mais qu'il n'y ait pas un crevard de chercheur dont le sujet de thèse ait été :

> « Recherche chromosomique spécifique aux parois nasales
> dans le but que ça arrête de pousser quand on vieillit,
> parce que je suis gentil » (Pr Niemalnase [4]).

Devons-nous parler du reste ? Du cholestérol, de la descente d'organes, des poils plus drus qui apparaissent à des endroits incongrus, comme des personnes qui ne sont pas invitées à la fête ?

---

4. En fait, la blague, c'est que *niemals* en allemand ça veut dire « plus jamais » et *Nase* « nez ».

## Quelque part sur le visage d'une femme de quarante-cinq ans…

- **Poil** (*enjoué*): « *Coucou, surprise, je suis là ! Oh, c'est vrai qu'il y a une belle vue d'ici, je galérais dans le derme depuis ma naissance, mais je suis content d'être arrivé. Il fait douuux.* »
- **Menton** (*snob*) : *Euh… pardon, mais que faites-vous là ? C'est une propriété privée…*
- **Nez** (*affolé, qui s'incruste dans la conversation*) : « *Oh, merde, alors là, c'est le début de la fin, va y avoir une fournée tous les mois, c'était pas une légende…* »
- **Poil** : « *O.K., bonjour l'accueil, je suis quand même le premier poil sur ce menton, ça se fête non ?* »
- **Menton et nez** : « *Non !* »
- **Menton** (*agacé*) : « *J'ai mis dix ans à me débarrasser de putrides comédons, qui mettaient partout de la mayo sur mon tapis. Et voilà un nouveau problème ! Est-ce qu'on peut me laisser tranquille cinq minutes, oui ?* »
- **Poil** : « *O.K., je vois l'ambiance. Je vais appeler mes potes qui en sont à l'épiderme et je peux te dire qu'on va vous recouvrir tous les deux !* »
- **Oreille** (*qui se réveille*) : « *J'entend rien, il se passe quoi ?* »
- **Nez** : « *Crois-moi, tu ne veux pas savoir…* »
- **Poil** (*tchip*) : « *Vas-y, j'ai cru voir des petits cousins au-dessus de la bouche, on sera peut-être plus aimable avec moi là-bas.* »

## 2 - SE FAIRE CHIER

Devenir vieux, c'est risquer de répondre à la question « On fait quoi ?» par « Je ne sais pas », soit la chose la plus angoissante que notre mère nourricière Gaïa la farceuse ait jamais porté. C'est comme si nous disions « Je ne sais pas, de toute façon on va mourir, donc autant ne rien entreprendre tu crois pas ? » Or, lorsque nous vieillissons, notre disposition émotionnelle s'amenuise au fur et à mesure du remplissage de notre base de données [5] ; donc plus nous avançons, plus nous risquons de nous ennuyer ; il faudra donc garder sa naïveté bien au frais ou faire des choses de plus en plus folles pour combler les besoins de notre roublarde d'adrénaline.

## 3 - SE CHIER DESSUS

Nous sommes complètement confuses de nommer cette troisième peur de cette manière [6], mais c'est ainsi. Vieillir, c'est Tena. Et Tena, ce n'est pas que pour les fuites urinaires. En effet, si vous allez regarder de plus près les emballages et les publicités des couches pour adultes, vous y verrez des photos de femmes enceintes – preuve que se faire pipi dessus, c'est comme la mode, et donc cela reviendra plusieurs fois dans une seule vie. Et vous verrez aussi des photos d'hommes; vu qu'ils ont la possibilité d'utiliser des accessoires plus pratiques, comme une sorte de préservatif relié à une poche urinaire, on peut conclure une chose : Tena n'est pas utilisé seulement pour les fuites urinaires. Donc, récapitulons : pour l'instant, vieillir, c'est avoir un gros nez, ne pas savoir quoi foutre, se chier dessus. Continuons. Allegro.

## 4 - MOURIR

Ah oui, nous l'avions oubliée, celle-là. La fin de la vie mène inexorablement à la mort, aussi inexorablement qu'entrer dans un restaurant mène à manger quelque chose. Si vous n'avez pas peur de la mort, c'est que vous n'avez pas ENCORE peur de la mort. Profitez-en pour mourir vite ! #livefast or die trying#

---

5. Voir le chapitre 4.

6. Ce livre est scatophobe.

## À chaque âge sa peur

*Relativiser sa peur de vieillir peut aussi faire passer la prise de conscience que vous n'êtes pas seul dans votre wagon. Selon notre âge, nous avons :*

- *À 15 ans : peur de quoi ?*
- *À 20 ans : peur chelou du type : « J'ai très peur qu'un vendeur avec un tatouage sur l'avant-bras me parle quand j'essaie une paire de baskets. » Autre exemple : « J'ai très peur du vinaigre, je peux pleurer si j'en vois. »*
- *À 25 ans : peur des gens autour de nous qui commencent une psychanalyse.*
- *À 30 ans : peur de manquer d'argent.*
- *À 35 ans : peur de ne pas avoir d'enfant ou de devoir justifier la raison pour laquelle nous n'en avons pas.*
- *À 40 ans : peur que quelqu'un voie que nous avons quarante ans.*
- *À 45 ans : peur de ne plus nous faire draguer.*
- *À 50 ans : peur de nous faire pécho en pleine bouffée de chaleur avec transpiration de la racine des cheveux et de la moustache.*
- *À 55 ans : peur que la récolte de cerises soit mauvaise cette année.*
- *À 60 ans : peur que nos examens médicaux ne soient pas brillants.*
- *À 65 ans : peur de nous ennuyer à la retraite.*
- *À 70 ans : peur d'enterrer notre meilleure copine.*
- *À 75 ans : peur d'enterrer notre âme sœur.*
- *À 80 ans : peur de ne jamais mourir.*

Comme nous, vous avez peut-être besoin d'une pause musicale ?Connectez-vous sur YouTube (ou Dailymotion, nous ne sommes pas bégueules) et tapez « Car et Ellie, une histoire d'amour ». C'est le meilleur moyen de vérifier si vous avez un cœur : cette scène d'introduction au film d'animation *Up* résume en 4'13 ce qu'est l'amour.

## B QU'EST-CE QUI FAIT QUE NOUS VIEILLISSONS MAL ?

### 1 - OLÉAGINEUX ET AUTRES ALÉAS

Il est vrai que certains aliments contribuent fortement au vieillissement de la peau, notamment les cacahuètes, le riz soufflé, les céréales dans des boîtes de couleur [7], le sucre, l'ecstasy, les cocktails, les frites, le cappuccino et l'eau morte. Donc si votre plat préféré est le boudin noir, BRAVO, vous allez vivre TRÈS VIEUX. Sinon, si vous préférez, vous pouvez déguster du sperme humain. En effet, il contient énormément d'antioxydants, des actifs très connus pour retarder le vieillissement des cellules. À New York, il existe même un spa qui propose des faciales (ce n'est pas une blague) à base de sperme humain pour 250 $ [8].

Mais pour en revenir à ce qui peut abîmer votre jeunesse, prenez le temps de lire nos listes d'alerte.

#### *Le stress*

Lorsque quelqu'un crie très fort et très longtemps, il a le front tout dur et ensuite il meurt d'un infarctus.

Exemple : les entraîneurs de foot.

#### *Le soleil*

Si vous faites la moule morte dans les heures non homologuées par le bon sens, par exemple entre 11 h 30 du matin et 16 heures, vous allez finir avec une peau sans poil comme les pierres dans les rivières et vous serez très malade.

Exemple : fauteuil en cuir.

7. La mention « boîte de couleur » existe vraiment dans les études que nous avons trouvées.

8. Townhouse Spa, 39 W. 56th St, New York, NY 10019.

### *L'alcool*

En prenant un verre d'alcool par jour durant toute votre vie, vous êtes un alcoolique modéré qui aura une mauvaise peau, mais qui sera peut-être en mesure de vivre longtemps. L'alcool est comme une sorte de lascar qui, pour tuer l'ennui, cherche des noises à toutes les petites cellules de votre peau, et surtout de votre visage, parce que c'est plus rigolo de vous ruiner la tronche que, par exemple, la peau de l'épaule.

Exemple : Diego Maradona.

### *Les facteurs génétiques*

Si votre mère est Monica Bellucci, bsaht'ek. Si votre mère est une des mamans dans les reportages de *Strip-tease*, et bien, attendez-vous à ne simplement jamais tourner dans un film avec Monica Bellucci.

Contre-exemple : Beyoncé et Ivy Blue. DOMMAGE MA GUEULE.

### *TF1*

Aucune étude formelle n'a été faite à ce sujet, mais avez-vous besoin de chiffres, alors que vous tenez entre vos mains le livre des filles les plus intuitives du monde, celles qui, par exemple, avaient prédit la fin du Tye & Die avant même que cela existe ? Oui, nous vous l'affirmons, regarder TF1 plus de 50 minutes par semaine favorise le vieillissement. Y travailler aussi. Cf. : nous ne citerons personne au cas où nous serions invitées à la télé pour la promotion de ce best-seller.

## 2 - UN MAL FRANÇAIS ?

Après tout, nous sommes une nation de droit et, pour avoir des droits, il faut lutter, être un petit peu énervé et pessimiste sur le fait que demain sera meilleur, un petit peu chonchounet, quoi. Or, les Français étant restés sur leurs gardes depuis la Révolution (oui donc, ça fait plus de 400 ans que les Français sont sur leurs gardes, c'est ça…), il y a comme un reste de cette agressivité dans l'état d'esprit français, une culture de la mauvaise foi, de la mauvaise volonté, du sourcil froncé et du poing levé. Slacktiviste, si vous avez suivi. Une étude a montré que le fait de vivre en France réduisait de 20 % la probabilité de se déclarer très heureux[9]. Ce n'est pas nouveau : depuis les années 1970, à chaque fois que nous avons demandé à un Gaulois s'il était heureux, il a toujours répondu : « Mouais, bof. » Pas un NON franc, parce qu'il n'y a pas de raison objective d'être malheureux en France : nous avons le droit d'être sodomites, nous pouvons même en parler à nos parents ou à notre médecin, nous pouvons nous marier et nous rouler des pelles entre gens du même sexe, et lorsque nous volons un truc au Franprix, nous n'avons même pas à craindre de nous faire couper une canne. Cela n'empêche pas que notre beau pays à huit côtés pue la déprime. Les amateurs de Lexo sont d'ailleurs toujours plus nombreux chez nous ; ne parlons pas du taux de suicide, notamment chez les jeunes, qui nous fait déprimer. Pourquoi autant de spleen ? D'autres pays d'Europe se portent mieux ; au Portugal par exemple, où le niveau de vie est bien moins élevé et les conditions plus rudes, les gens déclarent pourtant se sentir bien. WHAT'S WRONG WITH US ?

### *La faute à nos ancêtres*

Le goût du malheur, de la révolte, du spleen coule dans nos veines ; nos parents l'ont reçu de leurs parents, qu'ils ont reçu de Louis XV, notre bien-aimé roi dépressif.

### *Le bonheur ambitieux*

Les Français sont des carriéristes du développement personnel (ou des insatisfaits, selon votre degré de tolérance) : chaque droit acquis fait naître un nouveau besoin. Effet positif : notre système de santé ne laisse personne sur le carreau et est envié à travers le monde. Effet négatif : personne n'admet jamais que quelque chose VA BIEN.

9. Claudia Senik, « The French Unhappiness Puzzle : The Cultural Dimension of Happiness », *European Social Survey* (PSE WP no 2011-34).

### *Heureux les simples d'esprit...*

... car le royaume des cieux est à eux (Matthieu 5, 3). De culture judéo-chrétienne, les Français semblent avoir grandi avec l'idée que seuls les benêts étaient contents de leur sort. Il faudrait, du coup, qu'ils soient très cons pour avouer qu'ils sont heureux, car « Nous sommes contents » = « Nous sommes débiles ».

### *La valorisation de la revendication*

Les Français sont culturellement attachés à leurs ronchonneries, à leurs grèves, à leurs remises en cause et à leurs privilèges. Cela fait partie du folklore. Leurs héros sont :

- **Jeanne d'Arc :** parce qu'une femme, un peu démente, qui se la joue superwoman et défend son pays, qui plus est s'oppose à ses vieux rivaux, les grenouilles, c'est la classe. Les Français aiment les rebelles, surtout quand ce sont des jeunes femmes vierges et martyres. N'oublions pas que tous les maires ont sur leur bureau le buste de Marianne, autre rebelle de la société, aux seins gonflés (par le courage ?), symbole de la liberté.
- **Napoléon :** personnage historique souvent glorifié dont on tait volontiers les dérives, est un grand symbole de réussite. Le premier empereur français qui a mis son intelligence au service de son ambition toujours plus grande. Napoléon, c'est un peu le rêve américain made in France.
- **De Gaulle. le Général** a dit *Schiesse* [10] aux Allemands et leur a résisté. Il est aussi le symbole du papa qui redresse la France, rigoriste, sévère, main de fer dans un gant de fer dans une mâchoire serrée en fer, qui corrigeait la France friponne, folle et perdue.

Aujourd'hui, les Français adorent les polémistes et se délectent des émissions « best of », dérapages et coups de gueule télévisuels de nos râleurs médiatiques, diffusées au moment des fêtes de fin d'année. S'ils aiment que cela grince sur nos écrans, cela signifie que les

10. « Merde ».

choses ne sont pas immuables et que tout peut être cassé et reconstruit. En mieux !

Toutes ces raisons expliquent donc notre tendance à devenir des vieux cons, même si les circonstances dans lesquelles nous évoluons nous favorisent. Peuple français, sois heureux, tu nous fiches la honte, là !

## C COMMENT DÉDRAMATISER ?

À l'inverse des causes multiplicatrices de vieillissement, vous pouvez, si vous n'avez pas envie de finir en caravane, un fusil posé sur les genoux et les chicots pourris d'aigreur, trouver en vous ou dans la vie des adoucissants pour le linge de votre vie.

Il est un point indiscutable que nous devons reconnaître à ceux qui réussissent dans la vie : l'audace. Grâce à elle, et bien que ce début de paragraphe ressemble fort à une dissertation de terminale, des gens ont gagné des guerres à cent contre mille (référence historique : *Game of Thrones*), d'autres ont gagné de l'argent avec des refrains dénués d'intelligence (exemple : « La bouche ») ; vous, grâce à l'audace, vous allez toujours pouvoir vous sortir de situations vous expédiant dangereusement sur le sentier du vieux con.

Mais comment devenons-nous audacieux alors que, toute notre vie, nous avons été couards ?

### 1 - EXEMPLES DE SITUATIONS POUSSANT À L'AUDACE

**Exemple 1 :** vous êtes à l'hôtel, il existe un service en chambre, vous n'avez jamais de votre vie utilisé la touche n° 9 du téléphone. Eh bien, faites-le et commandez un club sandwich à 19 € que vous mangerez dans votre lit, nu, en regardant un film commandé sur la VOD, idéalement avec Julia Roberts.

**Exemple 2 :** achetez une paire de chaussures que vous ne mettrez jamais, juste pour savoir qu'au cas où on vous invite à une soirée Drag Queen à Rio, vous avez au moins les chaussures.

Note : ça marche aussi avec un costume d'écureuil.

L'audace consiste à sortir de votre zone de confort, par exemple en allant boire une bière seul dans un bar si vous ne l'avez jamais fait, ou alors vous présenter à un entretien d'embauche juste pour rigoler. Vous allez faire perdre 30 minutes à des recruteurs, qui eux-mêmes font perdre **X** fois 30 minutes à des gens qu'ils n'embaucheront jamais, ils le savent très bien. Mais ce n'est pas grave. Sentez-vous fou au moins une fois dans votre vie ! Pique-niquez dans votre salon, achetez une tarte et faites un tour en taxi, composez un numéro au hasard et demandez un inconnu en mariage. Si vous êtes du genre classique, dites AMIN au lieu de AMEN quand on vous tend l'hostie à l'église et ressentez un frisson de nouveauté ! Jésus ne vous en voudra pas. Et être fou, c'est être jeune.

La littérature est aussi un excellent facteur de renouvellement cellulaire. Vous n'avez pas lu *Le capital* de Marx, O.K. ! Cool ! Mais avez-vous lu la biographie de Liz Taylor ? Ah ! Vous avez lu la Bible, mais qu'en est-il du traité de scientologie ? Ah ! Partez du principe que tant qu'il y aura des livres, il y aura de la curiosité. Et si vous êtes VRAIMENT un vieux con et que derrière vos demi-lunes vous êtes en train de marmonner : « J'ai lu tout ça », alors regardez-nous bien en face et répondez-nous :

Avez-vous

Déjà lu

…

*Viande magazine* ?

Ah !

## Les personnes qui peuvent vous redonner de la fraîcheur

- **Philippe Croizon**, *amputé des quatre membres, a réussi à traverser la Manche en 2010 à la nage. Il s'est fait le pari de cette traversée, à seize ans, alors qu'il était à l'hôpital en train de manger des mauvaises compotes.*

→ *La leçon de Philippe Croizon : si un homme sans bras et sans jambes peut nager, alors remettez-vous de votre déception lorsque vous apprenez qu'il n'y a plus de parmentier de canard au resto et que vous allez devoir manger des frites.*

- **Louis Zamperini** *est un Américain de l'US Air Force. En 1941, son bombardier se prend 594 balles, tous ses copains meurent, il s'en sort indemne. Puis il est dans un avion qui se crashe au-dessus du Pacifique en 1943, il passe 47 jours à dériver sur un radeau, se fait attaquer par des requins, essuie un ouragan, il s'en sort indemne. Puis il se fait capturer par les Japonais, dont la réputation est de transformer tous les prisonniers de guerre en sushis, tout ça pendant 27 mois. Puis l'empereur du Japon capitule et il passe à côté de son exécution à deux jours près. Puis l'avion qui le ramène en Amérique manque de se crasher. Il rentre finalement au bercail, devient plus ou moins alcoolique et rencontre un prêcheur qui l'incite à retourner au Japon faire un bisou à ses missionnaires pour ne pas rester sur une mauvaise image d'eux.*

→ *La leçon de Louis Zamperini : la foudre peut frapper plusieurs fois vos miches, petits padawans, prenez le meilleur et haussez les épaules devant le pire pour avoir une belle vie.*

- **Roger-Marc et Yolande** *ont 91 et 86 ans. Un jour de 2013, Roro de Libourne, saoulé de vivre tout seul, plante un piquet dans son jardin sur lequel il écrit : « Cherche une femme gentille entre 70 et 80 ans, avec ou sans permis, mais gentille. » Il reçoit évidemment une somme considérable de lettres – parce que l'audace, nous vous l'avons expliqué, cela fonctionne toujours – et, parmi celles-ci, une mystérieuse missive de Yoyo, qui le fait chavirayyy posayyy. Il l'appelle par le biais d'un téléphone fixe, elle répond, ils bavardent, raccrochent et, dix minutes plus tard, donc Roro sonne chez elle, lui demandant : « Tu veux venir vivre chez moi ? »*

➳ *La leçon de Roger-Marc et Yolande : la vie se termine seulement lorsque vos paupières se ferment pour la dernière fois, vous n'êtes jamais à l'abri d'un beau retournement de situation, d'un cliffhanger, même s'il vient sur le tard.*

- **Nick Harris**, *âgé de trente-deux ans, accompagne sa petite fille de huit ans à l'école. Sur le chemin, ils sont témoins d'un carambolage exceptionnel ; une fillette de six ans, percutée par une voiture, est coincée sous la carcasse, agonisant. Ni une, ni deux, Nick, épais comme un casse-croûte, se précipite sur la voiture et la soulève à mains nues... À mains nues ! Devant les yeux médusés des habitants de la petite ville du Kansas, il sauve l'enfant. Depuis, il essaie de renouveler son exploit sans succès et n'en revient toujours pas d'avoir réussi.*

➳ *La leçon de Nick Harris : nos ressources sont en nous, cachées quelque part. Nous sommes tous des héros ordinaires !*

## BILAN

*Avoir peur, c'est humain, ce n'est pas grave, pourvu que nous ne nous en servions pas pour nous tenir chaud l'hiver et pour justifier tous nos mauvais comportements. Sinon, ce n'est plus de la peur, mais de la bêtise.*

*Être français ne nous pousse pas vers la voie de la joie, mais rompre les chaînes, c'est notre truc. Profitons donc de notre héritage culturel pour faire la révolution contre le pessimisme et la dépression. Merde !*

*Regardez* La Vie est belle *de Benigni plutôt que* La vie est un long fleuve tranquille *de Chatiliez.*

*Être heureux, c'est comme être malade, notre cerveau fait 80 % du job. Pour l'instant, 13 %*[11] *des Français sont hypocondriaques... Faites chuter ce score, et si c'est pas pour nous, au moins pour la Sécu.*

11. Étude Ifop/Capital, février 2014.

## LE POINT DE VUE DE

# MARION SECLIN

***Vingt-quatre ans, connue sur la toile sous le pseudo de Mady, comédienne et scénariste, mannequin aussi.***

***Signes distinctifs :*** drôle, humaine, suivie par des milliers de gens et très cool. Oui, elle, c'est vraiment la relève !

***Tu as vingt-quatre ans, pour nous tu es jeune, mais pour toi, c'est quoi un jeune ? Et un vieux ?***

Pour moi, un jeune, c'est quelqu'un qui est encore au collège ou au lycée, qui n'a pas encore trop de responsabilités, qui vit encore chez ses parents et qui peut encore se permettre d'être hyper insouciant. Dans ma tête, moi, je ne me sens pas trop « jeune », parce que je paie des impôts. Un vieux, c'est quelqu'un qui n'a pas le réflexe d'aller taper un truc sur Internet, mais qui cherche dans le dictionnaire quand il veut connaître la définition d'un mot.

***Trente ans, c'est dans longtemps pour toi, mais c'est un âge que tu appréhendes ?***

Non, pas vraiment. Les gens de trente ans, c'était des grands quand j'en avais quinze, mais plus j'avance, plus je me dis que trente ans c'est jeune et que c'est la quarantaine qui est flippante. C'est le moment où je vais sans doute prendre des décisions importantes. Mais je comprends la pression sociale qui pèse sur les trentenaires pour se marier, avoir des enfants et réussir, et je sais que pour beaucoup d'entre eux c'est flippant.

**Plus on avance, plus ma génération pense que la trentaine est surestimée**

***C'est quoi, pour toi, un vieux con ?***

Un vieux con, pour moi, c'est un mec comme mon père. Ce n'est pas méchant comme expression, c'est simplement une personne qui n'a pas suivi ou qui refuse les évolutions sociales et économiques du monde et qui, du coup, reste campée sur ses positions et ses idéologies. Si tu me dis : « Dessine-moi un vieux con », c'est sûr que je vais te dessiner l'archétype de l'homme blanc hétéro et con. Mais je sais que, dans la vie, il y en a beaucoup plus qu'on ne croit et qu'il existe des vieilles connes qui d'ailleurs sont jeunes.

***Ça veut dire qu'on peut être un jeune vieux con ?***

Vu que cela concerne la manière de penser, on peut être un vieux con à tout âge, même à vingt ans. Souvent, le vieux con commence sa phrase par : « Ah non, mais je te juge pas », juste avant de te balancer sa science infuse, qui détermine comment il faut penser, réagir et ce qu'il faut dire. Cela concerne tous les âges.

***La magie et l'aspect un peu vicieux du web, c'est qu'on a les retours de son travail en live à cause des commentaires. Qu'est-ce que ça fait d'être autant exposé à la critique ?***

Moi, j'ai eu la chance d'avoir des premiers retours très positifs sur ce que j'écrivais et sur ce que je jouais. Après, ça a été plus compliqué avec les retours négatifs, surtout ceux qui sont écrits soigneusement dans le but de te faire mal. Mais j'accepte les commentaires qui m'expliquent que cela ne les fait pas rire.

***As-tu repéré un jeune talent (beaucoup plus jeune que toi) sur lequel tu as envie de miser ?***

Deux jeunes rédactrices de chez *Madmoizelle* qui ont une plume incroyable, Amélie et Sarah. Elles ne revendiquent rien, elles font les choses bien ! D'ailleurs, *Madmoizelle*, c'est un vrai remède aux vieux et aux vieilles connes, je n'arrête pas de proposer à mon père de le lire !

### *Est-ce qu'il y a des choses qui te font te dire : « Je suis vieille », en étant amère ?*

Je ne suis pas amère, mais je suis triste de voir que l'enfance s'arrête de plus en plus tôt. À douze ans, les jeunes sont des ados, ils fument au collège, on a des rapports sexuels de plus en plus tôt. Et je remarque aussi que l'intimité est en train de mourir, on raconte tout à tout le monde et ça, c'est dommage.

### *Quelle expression ou mot de jeune, qui n'est pas de ta génération, te sens-tu trop vieille pour utiliser ?*

« C'est dar », qui veut dire « c'est cool ». Ou « Faire la guerre », c'est-à-dire faire la fête en boîte de nuit et commander des bouteilles plus importantes que la table d'à côté, pour faire « la guerre » avec elle. Je ne me vois pas utiliser du tout ce langage, je ne saurais même pas où le placer.

### *Qu'est-ce que tu trouves vraiment ringard ?*

Les gens qui utilisent encore l'expression « c'est fashion », ceux qui n'acceptent pas la liberté sexuelle des femmes et qui continuent de dire : « C'est une pute », juste parce qu'elle fait l'amour avec sept mecs, ou juste pour le plaisir. Et, le pire, c'est qu'il y a pas mal de filles de mon âge qui ont cette mentalité, qui pour moi est vraiment dépassée.

### *Pour toi, quel est le vieux le plus cool du monde ?*

Jimmy Fallon et Jimmy Kimmel, qui sont capables d'être tellement drôles sur tous les sujets du monde sans jamais t'exclure. Jodie Foster restera pour moi, à vie, la meuf la plus cool du monde. Et mon mec Sylvain, bien sûr, qui a trente-quatre ans et qui est un vieux cool, c'est vrai.

10

# JEUNISME ET DROIT DE VIEILLIR

*Ô miroir*
*Mon beau miroir*
*Dis-moi qui est la plus bonne de l'immeuble*
*je te file un bakchich.*

Nul besoin de réfléchir longtemps en regrettant le passé et la procrastination. Nombreux sont ceux qui se chargent de rejeter pour nous l'avancée dans l'âge, de promouvoir la culture juvénile et de nous pousser tranquillement vers l'obsession de la bonne mine, de la minceur… et de la chirurgie. Se sentir vieux est devenu aujourd'hui un sentiment qui naît très (trop ?) tôt dans nos têtes. Comment lutter, quand, brutalement, du jour au lendemain, la plupart des offres et des promotions réservées aux « jeunes » nous sont sucrées ? Il faut certes poser une limite, mais lorsqu'on a vingt-six ans depuis cinq minutes, c'est difficile d'admettre qu'on est une vieille chose et, qu'au passage, il va falloir payer double tarif pour un billet de train, faute de carte 12-25. Même notre intelligence [1] et notre fertilité atteignent, semble-t-il, leur pic à vingt-quatre ans : avant, c'est la montée, après, c'est le déclin de l'empire. On peut donc comprendre l'inconfort de nos vieux : ils ont vécu leur jeunesse dans une société gratifiant la vieillesse et ils vivent la leur dans un monde où l'avis des jeunes est prépondérant. Pire même, l'inertie est source de méfiance, adaptabilité et dynamisme sont exigés ; en témoignent ces magazines destinés aux retraités portant aux nues le troisième âge sportif dans une petite piqûre de culpabilisation. L'équation de la panique et du regret est donc simple à poser : à trente ans comme à soixante, on se rend compte que la vie passe aussi vite qu'une automobile sur une autoroute allemande, on voit les jeunes brûler leur jeunesse, on voudrait les conseiller, mais plus personne ne nous écoute, on regrette leur temps où on faisait les zazous. Ainsi, les « vrais » vieux évoluent dans le même monde que nous, un monde où tout concorde pour nous faire penser qu'on ne va pas dans le bon sens et que la seule solution, c'est de faire illusion sur son âge le plus

1. Les chercheurs de l'université de Simon Fraser (Burnaby, Canada) ont étudié les réactions de 3 300 personnes âgées de 16 à 44 ans et ont conclu qu'à partir de 24 ans la vitesse cognitive et les performances baissent.

longtemps possible. Les rockstars choisissent alors de se suicider, et le reste du monde doit choisir entre se faire oublier en portant des pantacourts marron, devenir un vieux con, faire du jeunisme ou lire ce qui suit et arrêter de pleurer.
La vraie question que nous allons nous poser maintenant, c'est : Est-ce qu'en 2014 on a encore le droit de vieillir comme on l'entend ? Tout nous oblige à rester jeune, et l'effet pervers de cette quête, c'est peut-être le moment où la volonté de jeunesse se transforme en frénésie et prend le pas sur la recherche du bonheur.

## A POUR VIEILLIR, PATIENTEZ SVP...

La question du devenir vieux est inscrite dans les mythes d'origine de toutes les civilisations, avec un penchant général pour un tiraillement entre fougue juvénile et sagesse de l'ancien. Tout le monde regrette sa jeunesse et raille ses vieilles années arthrosées ; paradoxalement, les jeunes sont des petits cons, tandis que le terme « vieux » est souvent péjoratif. Nous avons ainsi un exemple de la définition du vieillard, datant du *Dictionnaire François de Richelet* de 1680, soit bien avant l'affaire de la brioche de Marie-Antoinette et le scandale de Zahia. Lisez un peu ça :

> « On appelle vieillard un homme depuis quarante jusqu'à soixante-dix ans. Les vieillards sont d'ordinaire soupçonneux, jaloux, avares, chagrins, causeurs, se plaignent toujours, les vieillards ne sont pas capables d'amitié. On appelle une femme vieille depuis quarante jusqu'à soixante-dix ans. Les vieilles sont fort dégoûtantes. Vieille décrépite, vieille ratatinée, vieille roupieuse. »
>
> *Dictionnaire François de Richelet*, définition « Les vieux », 1680.

Attaqués sur leur décrépitude intellectuelle et sociale, gâtés par le temps comme un fruit pourri, les hommes ne sont donc plus bons à rien, passé un certain âge. SYMPA, LES GARS. Pire que ça : si nous remplaçons le mot « vieillard » par « vieux con », nous voyons avec stupeur que… LA DÉFINITION CORRESPOND PARFAITEMENT !

> **Vieux con** : homme depuis quarante jusqu'à soixante-dix ans. Les [vieux cons] sont d'ordinaire soupçonneux, jaloux, avares, chagrins, causeurs, se plaignent toujours, [ils] ne sont pas capables d'amitié. On appelle une vieille [conne] depuis quarante jusqu'à soixante-dix ans. Les vieilles [connes] sont fort dégoûtantes. Vieille décrépite, vieille ratatinée, vieille roupieuse. »

En 1680, nous ne faisions même pas la distinction entre un vieux et un vieux con ; à quarante ans, le vieux passait du côté des Cerbères, dans les limbes d'une jeunesse poussiéreuse et oubliée : nous nous ATTENDIONS à ce qu'il devienne con. C'est donc dans une tradition française bien ancrée que le fait de prendre de l'âge fait peur et démoralise ; en effet, personne ne veut devenir une vieille chose aigrie, à l'haleine de vieille tante, ou une sorte de pain d'épices confectionné dans une cuisine pas assez éclairée, serinant « C'était mieux avant ». Heureusement, il n'y a pas de fatalité, tout n'est pas manichéen, tout blanc ou tout noir. La vieillesse apporte aussi son lot d'avantages et de joies, comme l'explique Jean-Pierre Bois, en 1989, dans son *Histoire de la vieillesse* :

> « La vieillesse a donc toujours engendré des réactions tranchées et opposées. Quel que soit le discours dominant d'une époque, il repose sur deux thèmes antinomiques, mais sans doute complémentaires – sagesse et folie, joie et tristesse, beauté et laideur, vertus et corruption de l'âge et des personnes âgées – qui expriment deux aspirations, la tentation d'une vie longue et le refus des faiblesses de l'âge. »

Alors comment faire ? Accepter son âge et sa lente assimilation à un boulet qui coûte cher à la Sécu ? Représenter le passé et n'être plus bon qu'à sucrer les fraises ? Se « pimper [2] » comme une vieille voiture

2. Relooker, customiser, rénover.

qui a plus de 200 000 km au compteur, mais qui prétend qu'elle a roulé l'équivalent de deux allers-retours Paris-Menton ? Croiser les bras et râler… ou embrasser sa nouvelle identité avec philosophie ? Voici les choix qui s'offrent aux vieux aujourd'hui.

## B LES NÉO-VIEUX : GRANDS-PARENTS ET « VERMEILS OF FLORIDE »

### 1 - LES NOUVEAUX GRANDS-PARENTS

Les vieux ont vécu une migration sociétale de taille, passant du modèle de la « famille refuge » à son démaillage progressif. Ayant dû, pour la plupart, quitter le foyer familial très jeunes pour se mettre en ménage (l'âge du mariage est passé en quarante ans de 22,5 ans à 28 [3]) et trouver un travail avant même de commencer à réfléchir à ce qu'ils voulaient faire de leur vie d'adulte, ils ont élevé des enfants et vu naître des petits-enfants pour qui la vie est devenue une *thug life* [4]. Heureusement, l'espérance de vie en hausse, la possibilité de partir en retraite de plus en plus tôt et l'essor d'un vrai « marché » des retraités ont ouvert un champ de perspectives délirantes pour cette nouvelle vieillesse, une sorte de jackpot dans le grand casino de la vie. Et nous ne parlons pas simplement de l'augmentation de la fréquentation des associations de loisirs depuis 1997 (40 % des plus de soixante ans adhèrent à des clubs en tous genres, de la peinture sur soie à la pêche, en passant par le saut à l'élastique, ce qui est bien mieux que de se vautrer devant le télé-achat, *Les z'amours*, *Amour, gloire et beauté* ou *Slam*). Déjà, en vieillissant, les gens ne passent plus directement du statut d'actif à celui de vieillard ; un stade intermédiaire s'est créé, celui de « pivot ». Le pivot, c'est le « jeune » vieux de cinquante à soixante ans qui soutient toutes les générations. Celle de ses parents toujours vivants (coucou, la médecine), mais

3. Source Crédoc, 2001.

4. « Une vie de bandit », expression utilisée dans les chansons de rap !

aussi celle de ses enfants pas encore indépendants – puisque ces petits cons ont choisi un cursus de philosophie ou de sociologie et se traînent encore le derche à la fac, alors que nous, à leur âge, etc., bref. Ces tout jeunes et fringants retraités doivent s'inventer un nouveau programme de vie : entre orienter leur sociabilité vers la famille ou privilégier les projets personnels, le choix est souvent vite fait…

## 2 - LES « VERMEILS OF FLORIDE »

Les « non-grands-parents » choisissent d'être indépendants et autonomes face à leurs enfants et à leurs petits-enfants. Ils n'ont rien à apprendre sur la remise en forme et le « pimpage » de leur corps, et si la brigade du kiff les chopait, ils prendraient perpète, les salauds. On les a appelés les « Vermeils of Floride », Vermeil comme Merveilles et Vermeils, Floride parce que c'est LE centre, LE point cardinal des vieux kiffeurs bronzés, La Mecque des sourcils tatoués et des vieux seins fripés.

### Lorsque le printemps arrive…

*Au mois d'avril, quand les beaux jours reviennent et que la Croisette est embaumée par le parfum sucré des mimosas, les vieilles minettes du Sud de la France sortent de leur tanière. Leur peau halée offre des nuances de brun/carmin/orange qui rendraient jaloux n'importe quel canapé de chez Cuir Center. Ongles recouverts de gel permanent, cyclistes de sport et débardeurs rose fluo, visière vissée sur la tête, elles se rejoignent place de l'Étang et, à 9 heures pétantes, entament leur marche sportive. Un, deux, trois. Un, deux, trois. Le troupeau s'empare de la ville en cadence, transpirant et s'épongeant. Pour celles-là, Saint-Tropez est un pèlerinage, Miami leur aboutissement, leur Mecque à elles. Partout où le soleil est généreux, où les hôpitaux sont à moins de dix minutes, les Vermeils of Floride sont là. Une économie entière a vu le jour. Parés de leur coach sportif, inscrits au club de golf, abonnés aux agences de voyage… Ils sont les lettres dorées du troisième âge et s'entretiennent - exit Mamie Nova et Papy Brossard, bonjour Clint Eastwood et Sharon Stone.*

La première génération des Vermeils of Floride est née dans les années 1960 ; lorsque l'âge du départ en retraite fut fixé à soixante ans, elle a ressenti le formidable sentiment d'en avoir encore sous le pied, qu'une seconde vie s'ouvrait, ultime feu d'artifice avant le dernier voyage. Le capitalisme a pris ces sans-travail-fixe sous ses ailes, à grand renfort d'opérations commerciales : « Quelle chance, vous ne travaillez plus, récoltez donc le fruit de votre labeur, réalisez vos vieux rêves et dépensez votre argent » (le problème est que seule une catégorie de vieux peut vraiment se la couler douce aux Bermudes).Les Vermeils of Floride ont donc eu le mérite d'offrir une vision positive de la fin de vie et rendirent riches :

Costa Croisières • Les toiletteurs • Jean-Claude Biguine • Camaïeu • Ravensburger • Polident • Enghien-les-Bains (et toutes les villes qui finissent par - les-Bains) • Tena • L'abbé Soury • Chamonix • *Femme actuelle* • Les guinguettes des bords de Marne *Paris Match* • Delacre • Frank Michael • La Criée • La région PACA

Aujourd'hui, les Vermeils of Floride ne travaillent plus, mais ont un emploi du temps de ministre, une boulimie d'activités culturelles, sportives ou associatives… ce qui les empêche de garder plus de deux fois par mois leurs petits-enfants. Ils sont bien dans leur âge, leur corps ne les lâche pas trop et ils considèrent qu'à soixante-cinq ans il est aussi important de jouir de la vie que d'être propriétaire.

Vous l'avez compris, nous aimons bien les Vermeils of Floride, parce qu'ils s'entretiennent et acceptent le temps qui passe avec leurs rides creusées par le soleil. S'ils ont perdu l'amour, ils le cherchent à nouveau, sur le net ou dans des clubs. Ils dansent la java et le disco. Parfois, ils font des remarques de vieux cons, mais, le reste du temps, ils sont bien trop occupés à vivre pour grogner sur la jeunesse (ou pour s'y intéresser).

## *La fontaine de Jouvence et qé s'apelerio Kezac*

*On retrouve la trace la plus ancienne de la légende de cette fontaine dans l'histoire biblique du jardin d'Éden. C'est la source d'eau qui émerge de l'arbre de la connaissance (coucou, Grand-Mère Feuillage) ; au centre du Paradis, et qui coule vers les points cardinaux. Quiconque boit de son eau ou s'y baigne guérit de ses maladies (même les MST), rajeunit et, cerise sur le gâteau, ne vieillit plus. Dans la mythologie romaine, la nymphe de Jouvence aurait été transformée par Jupiter en fontaine aux vertus régénératrices. La déesse Junon, reine des dieux et protectrice des mariages et de la fertilité, se baignait tous les ans dans la fontaine de Jouvence pour retrouver sa virginité. Comme Elizabeth Taylor avant chaque mariage. La légende populaire raconte que le pote de Christophe Colomb, Juan Ponce de León, l'accompagna dans son voyage vers le Nouveau Monde et découvrit la Floride alors qu'il était à la recherche de la fontaine de Jouvence. La permanente est donc bouclée pour les Vermeils of Floride.*

## 3 - LES DONATELLA GARGIA : COUGARS ET VIEUX BEAUX

Si certains ne croient pas aux légendes sur le pouvoir régénérateur de l'eau, ils fuient tout de même leur âge comme la truffe fuit le chien dressé pour la débusquer. Forte de cette information perspicace, la célèbre marque de cosmétiques pour les trente-cinq ans et plus, Elizabeth Arden, a ainsi lancé un grand sondage en ligne pour mieux cibler les attentes de ses clientes. Les résultats [5] sont édifiants :

- 45 % des personnes interrogées sont plus inquiètes par l'idée de vieillir en beauté plutôt que d'avoir cotisé suffisamment pour la retraite ;
- 76 % d'entre elles affirment être prêtes à « prendre des mesures extrêmes » pour entretenir leur beauté – et nous ne parlons pas ici de recours basiques à la chirurgie esthétique;
- les sondées se disent prêtes à abandonner des choses précieuses,

5. Publiés le 5 septembre 2013 sur le site auféminin.com

comme leur vie sociale ou leur vie sexuelle (quelle folie, sachant qu'un orgasme retend les couches supérieures de l'épiderme [6] !), si un génie leur proposait un petit coup de polish ;

- elles seraient même prêtes à travailler sept jours sur sept en échange de quelques années en moins !

Malgré le travail acharné des féministes pour la libération de la femme, la plupart d'entre elles aspirent aujourd'hui, en priorité, à être désirables. Pour elles-mêmes, pour leur entourage, pour les hommes comme pour les autres femmes, elles continuent à s'épiler les sourcils et à se colorer les cheveux, se mettent à Dukan en mars pour rentrer dans leur maillot de bain en juillet. Ces névroses, boostées par les grandes marques, relayées par la presse et portées aux nues par les stars ne sont plus l'apanage des filles en âge de se marier mais aussi de leurs mères. Bien sûr, se comparer aux stars est plutôt ridicule (c'est comme si un pigeon voulait ressembler à un aigle), mais force est de constater que ces people sont des référents pour le peuple, de vrais dieux de l'Olympe vers qui nous devons tendre pour réussir avec les moyens du bord.

## *Immortelle, j'ai le sentiment d'être celle*

*En 1992, dans son chef-d'œuvre [7]* La mort vous va si bien [8]*, Robert Zemeckis a dénoncé la folie qui s'emparait des starlettes hollywoodiennes prêtes à tout pour rajeunir . Dans ce film, Meryl Streep et Goldie Hawn ont absorbé une potion qui les a rendues immortelles, comme de nombreuses stars hollywoodiennes, type Marylin et Elvis, qui ne sont pas mortes mais vivent cachées. Les deux femmes oubliant toutefois de « prendre soin » d'elles (en se tuant quelquefois), elles terminent en vieux déchets dégoûtants, condamnées à vivre dans un corps pourri (Bruce Willis, lui, ne boit pas la potion, fuit les deux folles et vieillit heureux entouré de mille enfants - environ).*

6. Étude en cours sur un panel composé de Mademoiselle Navie et de Sophie Marie Larrouy.

7. *Death Becomes Her*, 1992. Oui, « chef-d'œuvre », au même titre que *Jean de Florette, Jurassic Park* et *The Booknote*.

8. « Ernest, tu m'as poussé dans l'escalier. » Meilleure réplique du monde.

Pas tout à fait sœurs mais quand même pas ennemies, les Donatella Gargia sont, pour leur part, sponsorisées par Soleil sucré et Cop.Copine. Et bien qu'elles aient le même âge, elles ne sont pas très amies avec les Vermeils of Floride. Pire, elles considèrent que ces derniers ont abandonné la lutte finale… Âgées de cinquante ans, elles refusent en bloc tous les désagréments liés à l'âge et oublient leur date de naissance. Ainsi, une Donatella Gargia s'inquiétant de l'absence de ses règles va tchater sur Facebook avec ses copines, qui lui conseilleront de faire au plus vite un test de grossesse… La « ménopause », n'importe quoi, je suis encore fertile, hein ! En revanche, les Donatella Gargia sont à l'opposé des vieux cons : elles adorent les jeunes, les comprennent, s'habillent comme eux, aiment leur musique, leurs fringues, leurs boîtes de nuit, leur peau, leur cul. Mais nous les repérons tout de même de loin, tel un loup dans une bergerie – même si elle s'est fait faire une minivague. Les cougars et les vieux beaux ont la particularité d'être attirés par les jeunes gens, affirmant que les gens de leur âge ne les stimulent pas assez. Ils veulent bouger, faire la fête, l'amour… et pas finir les restes du rôti du midi devant *Louis la Brocante*.

## C A-T-ON ENCORE LE DROIT DE VIEILLIR PÉPOUZE ?

Là où il faut s'inquiéter, c'est quand la quête de jeunesse prend le pas sur la quête du bonheur. Vieillir devient un mal qui se soigne à coup de chirurgie lourde. Se refaire le visage ressemble plus, pour certaines personnes, à un appel au secours par scarification qu'à une simple volonté de se donner un « coup de jeune ». Et les avancées médicales ne s'arrêtent pas là : en 2014, une étude américaine parue dans la revue anglaise *Nature Medicine* [9] a révélé qu'injecter du sang de jeune souris chez des individus plus âgés peut changer certains effets du vieillissement. Nous n'avons pas fini de nous marrer.

9. Étude réalisée par des équipes scientifiques des universités de Harvard et de Stanford en février 2014. La classe.

## *La fin tragique de Diane de Poitiers*

*Contrairement à ce qu'on croit, ce désir de rester jeune et beau n'est pas un mal spécifique au XXI*[e] *siècle. Des fouilles archéologiques ont permis de retrouver le corps de la maîtresse d'Henri II qui était de vingt ans son cadet (Diane de Poitiers, Madonna, même combat). Elle est décédée en 1566 à l'âge de soixante-six ans. Les écrivains contemporains s'accordaient à dire qu'elle faisait trente ans de moins et racontent que Diane de Poitiers avalait une dose quotidienne d'or transformé en bouillon afin de préserver sa jeunesse – son obsession. Les examens toxicologiques ont retrouvé dans ses cheveux des concentrations en or correspondant à 500 fois la valeur moyenne de référence, de quoi l'intoxiquer de manière chronique – elle en présentait en effet plusieurs symptômes tels que les troubles digestifs (anorexie, nausées, vomissements, diarrhées), l'amincissement, la perte des cheveux, le teint pâle, la fragilité osseuse... Elle n'avait plus de dents et portait des prothèses dentaires réalisées par son ami, le célèbre chirurgien Ambroise Paré. Des cas mortels de ces intoxications ont été décrits dans la littérature à une époque où ni les stars, ni la téléréalité, ni l'allongement de la vie, ni la démocratisation de la chirurgie esthétique, ni l'ère du tout à l'image ne pouvaient être mis en cause. La peur de vieillir et le culte de la jeunesse ont bien des racines ancestrales.*

Étant à l'origine de ce livre, nous aurions bonne mine de vous dire simplement : « Bah, ouais, bande de cons, chacun fait ce qu'il veut, ça plaît, ça plaît pas, c'est exactement pareil. » Cela n'est plus aussi simple. Alors, au moment de rentrer dans la grande machine à laver de la vie, celle qui vous essore chaque jour un peu plus, vous avez quelques solutions. En réalité, nous en avons recensé trois. Non, quatre, mais la quatrième est un peu hardcore.

## 1 - MOURIR JEUNE

Votre première option (qui est en fait la quatrième, donc la moins conseillée) est de mourir jeune. Selon les statistiques, si vous êtes un citoyen lambda, cela ne servira à rien, sauf à donner le virus de la vieillesse prématurée à tous vos proches à qui vous allez manquer le reste de leur vie.

## 2 - ACCEPTER LA DÉCRÉPITUDE

La deuxième option consiste à accepter son état de lente décrépitude en se mordant les joues pour ne pas crier : « C'était vraiment mieux avant, quand mes gueules de bois passaient inaperçues. » Autant dire, vivre dans la frustration permanente et devenir un vieux con aux cellules pleines de vinaigrette acide.

## 3 - ACCEPTER DE PRENDRE DE L'ÂGE

Choisissez plutôt la troisième option : devenir cette cool génération de nouveaux vieux, hyper connectés à leur temps, acceptant de prendre de l'âge – donc de la sagesse –, ce qui permet d'être consulté comme une référence et de donner son conseil avisé, mais uniquement lorsque celui-ci est sollicité, hein. C'est notre solution préférée et la plus sage à nos yeux.

## 4 - ÊTRE UNE DONATELLA

La dernière option est assez meurtrière : être une Donatella, ou toute cette tranche de personnes pour qui refuser de vieillir signifie préférer l'avis de leur chirurgien et des chaînes de solarium Point Soleil à n'importe quel miroir qui serait en mesure de les renseigner sur leur déclin.

Choisissez ce que vous voulez : la maison décline toute responsabilité si vous êtes contacté par une émission de téléréalité.

## BILAN

*Si la quête de la longévité a toujours été importante, elle a considérablement augmenté – et, avec elle, la peur de vieillir – depuis l'apparition des médias de masse et l'amélioration des conditions de vie. Le troisième âge est sorti du tiroir des « bientôt morts » pour intégrer celui, bien plus lucratif, du « Aimez-vous vivant. N'attendez pas que la mort vous trouve du talent ». Les nouveaux vieux sont mignons, même s'ils veulent ressembler – parfois trop – aux jeunes et même si leur cou les trahit ; les grands-mères confitures se sont muées en mamies-confidences pour leurs petites-filles qui voient en elles des amies, sans l'autorité parentale, et avec l'expérience en plus. Les grands-pères ne sont plus des patriarches autoritaires, ils accompagnent leurs petits-enfants à leur baptême de saut à l'élastique. Malgré quelques réactions extrêmes, ils se sont plutôt bien adaptés dans ce nouveau paysage et ceux qui n'ont pas viré vieux cons sont même devenus nos idoles.*

## LE POINT DE VUE DE

# MICHÈLE BERNIER

***Cinquante-huit ans, comédienne, humoriste.***

***Signes distinctifs :*** super meuf, bienveillante, ressemble à une dame qui jouerait dans une publicité pour les yaourts tellement elle a l'air de kiffer la vie.

***L'expression « vieux con » n'évoque pas la même chose pour tout le monde. Pour vous, qu'est-ce qu'elle signifie ?***

Pour moi, un vieux con, c'est un jeune con qui a vieilli. C'est quelqu'un qui a l'esprit fermé, donc qui est insupportable. Et c'est un trait de caractère qui ne s'améliore pas avec l'âge, croyez-moi. Un vieux con, c'est le contraire d'un bon vin. Ce genre d'individu reste sur les bases qu'il connaît et qui le rassurent, alors qu'autour de lui tout change, tout le temps, et vite.

***Du coup, un vieux con, ça peut être une jeune fille de vingt-cinq ans ?***

Complètement ! La fermeture d'esprit est loin d'être réservée aux vieux. Mais je pense que le vieux a surtout peur de la nouveauté, peur du changement, peur de la mort. Le pire, finalement, est qu'il finit souvent seul, entouré par ses certitudes.

***Nos interviewés ont quelquefois pensé à leurs parents en évoquant le sujet du « vieux con », sûrement un héritage de leur adolescence… Vous ne trouviez pas vos propres parents un peu « vieux cons » sur les bords ?***

Pas du tout. Par exemple, je ne les ai jamais appelé « mes vieux », ou autre. Mais c'est vrai que je suis un cas à part, mes parents étaient en avance sur tout (NDA : ses parents : Odile Vaudelle et Professeur Choron). Je me demande même si, à la limite, ce n'était pas un peu moi la vieille conne avec eux tant ils étaient modernes. Je suis très chanceuse, j'ai vraiment eu une belle enfance, en grandissant avec l'idée que la curiosité était la plus grande qualité qui soit. C'est quand même ce qui nous distingue des animaux : eux ne sont curieux que pour trouver de la bouffe ! Chez nous, cette qualité nous sert à nous nourrir intellectuellement. Enfin, je m'entends, quand je dis « intellectuellement », on n'est pas obligé, pour se nourrir, de regarder un Picasso ! Cette éducation, ces valeurs m'ont permis d'évoluer en m'intéressant à ce qui m'entoure ; et puis, dans mon métier, on est constamment irrigué. Toute forme de curiosité est bonne à prendre, ne serait-ce que pour pouvoir dire : « Non, cela, vraiment, je n'aime pas et cela ne m'intéresse pas trop. »

***En devenant mère, comment avez-vous fait pour ne pas passer pour une « vieille conne » devant vos adolescents et rester proche d'eux, sans faire non plus « vieille-jeune » ?***

L'important est de communiquer avec ses enfants, de leur parler, même s'ils ne répondent rien, parce que parfois l'adolescent est silencieux. Il m'est arrivé de ne pas trop comprendre le style de mes gosses, la mode, leurs expressions, leurs goûts, leurs musiques et leurs réactions. Je ne suis pas une mère parfaite – je ne pense pas qu'elle existe –, mais je crois avoir fait à chaque fois l'effort de me transposer et de me rappeler l'époque où j'avais leur âge. Par exemple, ma mère ne comprenait pas que je mette des jeans troués et des Clarks, c'est une situation que j'ai déjà vécue. Je me souviens de ce qu'être ado signifie, être révolté, agacé, avoir le sentiment que personne ne nous comprend. L'adolescence est une période de révolte pendant laquelle il faut simplement se dire : « Cela passera. » En revanche – je ne sais pas si c'est être une vieille conne –, je ne supporte pas le manque de respect et je n'aurais jamais accepté que mes enfants me parlent mal, sous prétexte qu'ils traversaient leur adolescence. Devenir parents, cela fait peur, surtout lorsqu'on réalise tous les dangers qui entourent nos enfants. On est vraiment inquiets, mais je pense qu'au lieu de dire non à tout, et créer ainsi une envie de contestation, il vaut mieux expliquer pourquoi telle ou telle chose n'est pas bien, selon nous. Par exemple, prenons le problème de la drogue, comme dirait le père de mes enfants (NDA : Bruno Gaccio) : « Le pire, c'est que cela donne du plaisir. » J'ai essayé de prendre le problème dans l'autre sens, je ne disais pas : « La drogue, c'est nul », je disais : « Moi, ce qui m'embête, c'est que ça nourrit un tas de salopards, et qu'un bout de shit n'est pas "juste" un bout de shit. Il y a des réseaux, derrière, des proxénètes, des nanas qui souffrent. » J'ai essayé de les alerter sur l'aspect révoltant, ça parlait plus à un ado.

---

***L'important est de parler avec ses enfants, même s'ils ne répondent rien !***

---

***Y a-t-il une chose qui vous manque de vos jeunes années, une ambiance, un objet obsolète, une émission, ou autre, et pourquoi ?***

Sans hésiter, les gens qu'on aime et qui ne sont plus là. Ensuite, les quartiers tels qu'ils étaient quand j'étais enfant, ça me rend furieuse quand je vois qu'un Subway a remplacé le vieux cordonnier qui était là. C'est peut-être mon côté vieille conne nostalgique ! Mais quand les choses disparaissent, que notre mémoire est active, ça nous fait vraiment vieillir. En plus, mon fils adore aller au Subway, il en a rien à fiche des cordonniers ! J'ai aussi la nostalgie de l'insouciance, à mon époque on disait beaucoup : « Oh, on s'en fout, on verra demain. » J'ai le sentiment qu'on était moins inquiets sur l'avenir et cela me manque, cela me rend triste pour mes enfants. J'aimerais pouvoir leur dire : « Laisse-toi aller, la vie est une valse », mais je ne peux pas m'empêcher de les mettre en garde sur les difficultés actuelles.

***Quel est le meilleur anti-rides (celui qui repousse le vieillissement physique et intellectuel) ?***

Je vais prêcher pour ma paroisse, parce que c'est mon métier : rire, bien sûr ! Il faut pouvoir rire un maximum. Bien sûr qu'il y a des sujets graves qui ne prêtent pas à rire, mais je m'évertue à angler les problèmes de telle sorte à ce qu'ils soient plus légers. Comme je dis toujours, il faut arriver à détricoter le pull et rire, dès qu'on peut ! J'ai lu récemment une phrase qui m'a marquée : « Quand je me regarde, je me désole; quand je me compare, je me console. » Il faut voir la vie du bon côté !

***À quel moment devient-on vieux ? Avez-vous un souvenir de votre premier coup de vieux, ce jour où vous avez réalisé que vous n'aviez plus tout à fait vingt ans ?***

Déjà, le fait d'avoir mon second enfant à quarante ans m'a plutôt confortée dans le fait que je n'étais pas encore vieille. Le véritable coup de bambou, ça a été la ménopause. Physiquement, et même culturellement, la ménopause est une étape à laquelle on n'est pas préparée ; c'est pour cela que j'en ai fait un spectacle (NDA : « Et pas une ride ! », un vrai spectacle anti-vieux con) !

***Qu'est-ce qui vous dépasse complètement aujourd'hui dans la culture jeune ?***

Je suis très sincèrement complètement à la ramasse musicalement. À part deux trois tubes qui me rappellent vaguement mes jeunes années, je suis complètement has-been de ce côté-là. Je suis aussi un peu une pauvre fille avec l'ordinateur, je demande à Charlotte (NDA : sa fille aînée, chanteuse, comédienne et très gentille) comment faire, mais cela ne me passionne pas vraiment. J'aime bien Twitter, mais je m'en sers très peu. Et je me méfie de Facebook en raison de l'aspect médiatique de mon travail, je n'ai pas trop confiance.

***Et qu'enviez-vous à la jeune génération ? les avancées technologiques, par exemple ?***

Je n'ai pas l'impression d'envier les jeunes, surtout pour les ordinateurs, les téléphones et compagnie. Je ne sais pas si c'est le cas, mais j'ai le sentiment que cela isole. Sauf peut-être les gens qui se regroupent et se retrouvent autour de passions communes. C'est l'aspect « virtuel » qui me dérange, j'ai l'impression que cela pousse à la fainéantise : pas besoin de se voir, on se parle sur Internet. Tout le monde est au courant de tout, puisque nous le lisons sur Facebook.

***On vous propose de revivre le temps d'une journée à une époque de votre vie. Laquelle choisissez-vous ?***

Peut-être aimerais-je revivre mon premier jour de cours de théâtre à vingt-deux ans. Le jour où je me suis dit : « Allez cocotte, c'est ça que tu veux faire. » C'était tellement bon, tellement magique de découvrir ça.

***Que dire à un vieux con pour qu'il ouvre ses chakras et devienne plus tolérant envers la jeune génération ?***

Je pense sincèrement que le vieux con n'a pas envie de changer, et je n'ai pas envie de le changer. Si j'avais un compagnon qui virait vieux con, je n'en voudrais plus. Et puis, moi, je préfère la jeunesse !

# CONCLUSION

*Rien n'est grave…*

Prendre de l'âge, c'est inéluctable et c'est peut-être même la seule chose sur Terre qui rend justice à l'idée que nous naissons tous égaux. Ça et le fait que, statistiquement, il est impossible de ne jamais s'être ficha par amour (oui même Lady Di).
Ce n'est pas grave de vieillir, nous pouvons même rendre ça beau, si nous lâchons prise. S'entendre dire : « J'ai préféré le livre » et sentir sa colonne vertébrale se glacer de cette supériorité que nous détestions chez les vieux, quand nous-mêmes ne l'étions pas encore, c'est normal : votre corps change, comme disait Le Doc. Être vieux, ce n'est pas dramatique, puisque cela ne nous empêchera pas de rester jeune jusqu'à notre mort ; Mouloud Achour a bien été bluffé par « Michel Serres, un jeune homme de quatre-vingt-trois ans » ! Si l'adulte est potentiellement un jeune qui s'est ramolli, il peut aussi être bonifié de l'âme, à défaut du derch. Mais, pour rester for ever young (Bob Dylan), encore faut-il garder allumé en permanence l'interrupteur de la curiosité à l'intérieur de soi…

**Ouvrez les yeux…**

Les vieux portent des lunettes au sens propre comme au figuré, ils voient parfois « mal » ce qui les entoure et froncent les sourcils avec méfiance. Être attentif et curieux, sans juger, ce n'est pas facile franchement, surtout lorsqu'on a payé dix euros pour voir *Fiston*. Ce n'est pas toujours confortable. Et même dans les domaines que nous croyons maîtriser et tenir fermement par le cou, des niches se créent malgré tout, nous faisant ouvrir grand nos yeux, transformant nos pupilles en points d'interrogation (quand ce n'est pas en doigt d'honneur). Par exemple, nous ne sommes pas en mesure d'expliquer comment porter l'une de ces fameuses jupes longues derrière et plus courtes devant, alors que nous connaissons nos classiques en matière de mode. Mais finalement, est-ce si grave ? Non ! Ne pas se sentir « concerné » par une mode, une pensée, un style, n'implique pas de devoir la juger, la mépriser ou la détruire. Être un vieux bien dans ses socquinettes, c'est accepter de n'être simplement, tout simplement, pas le public concerné.

### De la bienveillance et douze ans d'âge mental

Un vieux con manque toujours de bienveillance ; forcément, quand notre cœur est sec, difficile d'être chaleureux comme Kassav. Pour accéder à l'issue de secours de la route du vieux von, il faut tenter de conserver un âge mental flirtant entre sept et dix ans. Epoque bénie, où un bâton, un chewing-gum et un vieux pansement constituaient des outils acceptable pour envisager la construction d'une cabane. Pour ne pas devenir un vieux con, il faut lutter pour conserver cette âme d'enfant.

### La nostalgie n'est pas l'ennemie du vieux cool

Le problème des vieux cons, c'est qu'ils baignent dans la nostalgie et, au lieu d'en faire un océan dynamique qui les maintient en vie et les fait surfer comme des beaux gosses bronzés de Biscarrosse, ils la transforment en mer tiède et plate. La nostalgie n'est pas forcément l'acide qui ronge le fer de votre jeunesse. Elle peut aussi être la belle couche de vernis que nous posons sur un vieux meuble pour le conserver encore quelques siècles. Ainsi, Alain Chabat, l'un des modèles de Bruno Muschio, a soutenu Jamel Debbouze à ses débuts plutôt que d'étouffer son génie et éviter ainsi de passer pour le « comique d'avant ». Comme quoi, quand nous restons grands décideurs de nos vies, nous pouvons éviter de virer vieux con.

### « Si tu te sens vieux, traîne avec des jeunes... mais ne les imite pas »

Cette leçon est à garder en tête, car il n'est jamais trop tard pour faire machine arrière lorsque nous sentons une partie de nous se nécroser. Berengère Krief admire ainsi l'évolution de Pierre Palmade qui a su s'entourer d'une jeune troupe pleine de talent plutôt que renâcler ses anciens succès. Mais point besoin d'être vieux pour se sentir vieux, la jeune trentenaire se souvient sans honte de l'humiliation ressentie la première fois qu'elle a entendu le mot « boloss » sans comprendre... Savoir rester à sa place, l'assumer, c'est aussi admettre que si certains mots nous échappent, c'est justement pour que nous ne puissions pas les comprendre. C'est un peu comme laisser la porte de la chambre d'un adolescent fermée : VOUS NE VOULEZ PAS savoir ce qui se passe derrière. *American Pie* vous a de toutes les façons suffisamment spoilé.

### Nos vieux, nos repères

On est tous le vieux de quelqu'un : nos parents, oncles et grands-parents seront à jamais « nos vieux ». La famille est un référent essentiel et, en vieillissant, nous les jugeons avec moins de sévérité qu'avant, au contraire, nous apprenons de leurs erreurs ! Si votre père est un vieux con, il y a de fortes chances qu'il vous ait transmis le gène, éloignez-vous de la lignée en rompant avec son comportement. Jurez de ne jamais dire par exemple : « Non, mais maintenant, les jeunes, c'est n'importe quoi. »

### Jeunes jeunes jeunes

Dans quarante ans, les jeunes d'aujourd'hui seront peut-être les vieux cons qui mépriseront les nouvelles générations... car malgré tous ces changements, le clivage « jeune/vieux » n'est pas si différent du siècle dernier ! C'est une sorte de ritournelle ronronnante qui frappe chaque génération, comme les jeans blancs, la mini-vague et les franges trop courtes. Heureusement, le seul fait d'avoir conscience qu'il est possible de devenir un vieux con réduit le risque de sombrer dans cette maladie, c'est promis !

Alors conservons près de notre cœur la règle du **GROS** :

**G**arder les yeux ouverts.
**R**ester curieux.
**O**ser changer d'avis.
**S**e taper la tête sept fois contre un mur avant de juger son prochain.

Et laissons les jeunes s'épanouir comme des hirondelles qui volent pour la première fois. Être jeune en 2014, c'est être né avec la crise, le chômage, la téléréalité, les snuff movies et plein de choses tout aussi traumatisantes qu'en d'autres temps le service militaire et le disco. Laissons les jeunes être jeunes, prétentieux, fougueux, arrogants ou torturés. Laissons-les crier leur joie, leur haine ou leur lassitude de vivre, parce qu'ils ont un DST. N'oublions jamais que la jeunesse est un CDD et qu'il faut les traiter comme des emplois précaires : avec humanité. Embrassons-les, sourions-leur, interrogeons-les. Personne ne nous demande d'adhérer à leurs pratiques et à leurs discours, de les aimer d'un amour sans nuage ni de les copier… Mais couvrons-les d'un regard plein de sagesse qui veut dire : « Nous vous comprenons. Nous aussi, un jour, nous avons eu vingt ans. »

## Générique de fin

« Quand ils sont tout neufs
Qu'ils sortent de l'œuf
Du cocon
Tous les jeunes blancs-becs
Prennent les vieux mecs
Pour des cons
Quand ils sont d'venus
Des têtes chenues
Des grisons
Tous les vieux fourneaux
Prennent les jeunots
Pour des cons

Moi, qui balance entre deux âges
J'leur adresse à tous un message

Le temps ne fait rien à l'affaire
Quand on est con, on est con
Qu'on ait vingt ans, qu'on soit grand-père
Quand on est con, on est con
Entre vous, plus de controverses
Cons caducs ou cons débutants
Petits cons d'la dernière averse
Vieux cons des neiges d'antan

Vous, les cons naissants
Les cons innocents
Les jeun's cons
Qui n'le niez pas
Prenez les papas
Pour des cons
Vous, les cons âgés
Les cons usagés
Les vieux cons
Qui, confessez-le,
Prenez les p'tits bleus
Pour des cons
Méditez l'impartial message
D'un type qui balance entre deux âges

Le temps ne fait rien à l'affaire
Quand on est con, on est con
Qu'on ait vingt ans, qu'on soit grand-père
Quand on est con, on est con
Entre vous, plus de controverses
Cons caducs ou cons débutants
Petits cons d'la dernière averse
Vieux cons des neiges d'antan. »

Georges Brassens, « Le temps ne fait rien à l'affaire… », 1961.

# NOTE DES AUTEURES

Quelle.

Aventure.

Lorsque nous avons commencé l'écriture de ce livre, nous étions persuadées qu'il suffisait d'agiter nos miches trentenaires sur n'importe quel tempo (nous avons toutes les deux le sens du rythme, Mademoiselle Navie ayant passé pas mal de temps en Afrique et Sophie Marie Larrouy à Mulhouse) pour faire croire que nous étions encore rangées dans la catégorie des débutantes, des jeunes à tee-shirts à messages, des bleues. Après tout, nous avons bien interviewé un chanteur d'un groupe de rap, tranquille pépouze, en le tutoyant même, « c'est cool ce que tu fais » (nos neveux de seize ans se sont évanouis lorsque nous en avons parlé lors d'une fête de famille). Et puis, petit à petit, nos regards se sont faits plus inquiets. Nous avons développé un certain goût pour le confort, nous supportions de moins en moins de regarder le prix avant d'acheter quelque chose, nous sommes parties en voyage en choisissant le camping le plus cher parce que – fallait pas déconner – nous voulions quand même le salon en cuir blanc ; et, tout récemment, nous nous sommes penchées sérieusement sur la possibilité d'aller écrire notre prochain livre... EN CROISIÈRE. DE VIEUX. Comment avons-nous pu nous mentir à ce point ? Nous écrivions un livre sur le fait de vieillir, sans nous rendre compte que nous étions nous-mêmes en visuel infrarouge avec la Grande Horloge. Alors, c'est ça vieillir ? C'est devoir laisser sa place, sans faire d'histoires, et prendre conscience que d'autres vont la prendre sans même nous remercier ? Eh oui, devenir un vieux con, cela peut arriver même à ceux qui ont clairement exprimé le désir de lutter contre eux. Incroyable. Heureusement que nous avons écrit ce livre.

Love and burritos.

Mademoiselle Navie & Sophie Marie Larrouy

# MERCIS COMMUNS

(Parce qu'on est mariées toutes les deux sous le régime de la communauté réduite aux acquêts… C'est toi, l'acquêt.)

À Olivia, notre éditrice, pour avoir gardé le sourire même quand « Oups, on n'a pas trop trop fini hi hi » et pour nous avoir permis d'insérer des expressions telles que « J'en ai le mimi qui pulse » ; les gérants de Charlotte et leur cuisinier qui nous nourrissent et prennent soin de nous quotidiennement ; le rosé pamplemousse ; les voies sur berges, qui raccourcissent le temps de trajet jusqu'à chez Hachette ; Major Lazer ; le Chipotle ; Amanda Lear ; les faux sosies de Madonna ; le Bachelor ; la citronnade San Pellegrino ; Alloresto ; Coca light ; le vernis menthe ; les cafés avec wifi ; Néoness, le sh'bam, le step et la zumba; les vieux fous qui nous choisissent toujours pour discuter dans la rue ; Mariah Carey ; Sophie Rouanet, la première qui a soutenu le projet ; Robin Williams, qui est mort pendant l'écriture de ce livre ; la blague « C'est un canard qui rentre dans une banque et qui dit : "Donne-moi tout ton argent" » ; les musulmans, pour avoir introduit le café en Turquie, puis en Afrique du Nord ; les gens qui pensaient qu'on écrivait un livre pour la collection « Que sais-je ? » ; les journées « sans », PARCE QUE C'EST TOUJOURS NOUS QUI GAGNONS AU FINAL MOFO ; Sylvain, Romain, Jules, Nabila et Elliott (je t'aime) ; Solaro et notre petite maison corse, le temps d'un été ; la rivière de Pierres-Plates ; le ceviche ; les Royale menthol ; les garçons avec des barbes ou trop maigres (love/love/love) ; nos yeux souvent conquis, jamais soumis ; la holding de l'amour ; la lettre U ; la lettre J ; la nourriture ; l'eau ; Dieu ; Booknote ; les chorégraphies qu'on ne fera jamais ; Dark Horse ; les œufs mimosa de ce restaurant dont on ne sait plus le nom ; Kevin Spacey ; nos actes manqués (yeah yeah yeah) ; *Garçons sensibles*. Aux vieux. Et aux cons, parce que, sans eux, on se ferait tellement chier quand on fume des cigarettes. À Beyoncé, parce que, quand même, c'est chaud de se séparer de Jay-Z (et du coup à Cathy Guetta).

SML remercie particulièrement : mes parents, parce qu'ils sont les plus merveilleux anti-vieux cons existant sur Terre ; BrunorTex pour m'avoir nourrie de pâtes à rien et aimée quand même lorsque j'étais de mauvaise humeur, en retard sur le planning et avec les cheveux sales ; Sylvie et Mathias de Vieussan ; mon ordinateur, de ne pas être tombé en panne, contrairement à celui de Navie ; Audrey Vernon et sa maison d'Avignon ; le Formule 1 de Dunkerque ; l'Ibis de Châtelaillon ; Nadine, l'insomniaque du Formule 1 de Béziers ; la team de *Brain Magazine* pour son soutien estival ; la vieille clocharde de Metz qui m'a péta mon quatre couleurs ; Marie Labory pour nous avoir prêté sa maison ; Océanerosemarie pour avoir accepté que je mène un projet sans elle ; et, pour finir, Navie, la femme de ma vie.

Navie remercie particulièrement Baptiste Firroloni d'être une troisième jambe, même si c'est dégueu comme image et que seuls ceux qui ont aimé *The Human Centipede* kiffent (et aussi parce que, pfff, quel petit poney d'amour tu fais). À Lucien Firroloni d'être un fils digne de ce nom et d'être l'adulte de vingt et un mois que je préfère au monde. À ma sœur Élodie, que j'aime sans conditions de reprise et à qui je donnerai un rein, mes mains, mon cœur. À Camille, qui sera né quand le livre sera imprimé. À Nounou. À mes parents, qui m'ont bien élevée. Aux gens qui ne sont pas là, mais qui sont là. Toi-même, tu sais. À Sophie Marie Larrouy, parce que je préfère vivre sans peau plutôt que sans elle.

PAN.

# TABLE DES MATIÈRES

MARABOUT
s'engage pour l'environnement
en réduisant l'empreinte carbone
de ses livres.
Celle de cet exemplaire est de :
850 g éq. $CO_2$
Rendez-vous sur
www.marabout-durable.fr

PAPIER À BASE DE
FIBRES CERTIFIÉES

Édité par Hachette Livre
( 43 quai de Grenelle, 75905 Paris Cedex 15)
Imprimé en Espagne par Unigraf
pour le compte des éditions Marabout
Dépôt légal : novembre 2014
ISBN : 978-2-501-09955-4
1077795
Edition 01